孔令刚 主编

蒋晓岚 编著

智慧

治家金言

ZHIJIA JINYAN

全国百佳图书出版单位

时代出版传媒股份有限公司

安徽人民出版社

图书在版编目（ＣＩＰ）数据

治家金言/孔令刚主编　蒋晓岚编著.—合肥:安徽人民出版社,2014.4

ISBN 978－7－212－07230－8

Ⅰ.①治…　Ⅱ.①孔…②蒋…　Ⅲ.①人生哲学—通俗读物

Ⅳ.①B821－49

中国版本图书馆 CIP 数据核字（2014）第 057174 号

治家金言

孔令刚　主编

蒋晓岚　编著

出 版 人:胡正义　　　　　　　　　责任印制:董　亮

责任编辑:李稚戎　　　　　　　　　装帧设计:宋文岚

出版发行:时代出版传媒股份有限公司 http://www.press-mart.com

　　　　　安徽人民出版社 http://www.ahpeople.com

　　　　　合肥市政务文化新区翡翠路 1118 号出版传媒广场八楼

　　　　　邮编:230071

　　　　　营销部电话:0551-63533258　　0551-63533292(传真)

制　　版:合肥市中旭制版有限责任公司

印　　刷:合肥芳翔印务有限公司

　　　　　（如发现印装质量问题,影响阅读,请与印刷厂商联系调换）

开本:710×1010　1/16　　　　印张:12.25　　　　字数:250 千

版次:2014 年 10 月第 1 版　2015 年 7 月第 3 次印刷

标准书号:ISBN 978－7－212－07230－8　　定价:22.00 元

总　序

　　"金言"最早来自于佛教,信佛的人称佛的教言为金言。我们这里金言与格言类似,有珍贵言语之意。所以,"金言"是言简意赅的睿智语句。

　　"审视一串别人的足迹,践履一条自己的人生路。"商道即人道,人道即天道。徽商仁义敦厚、勤勉好学、志向远大、知恩图报、恪尽职守,充满人文情怀,追求商道人生中的大道大义。对于徽商精神的深入发掘,也是对中国传统人文精神的形象化展示。我们试图用"金言"的形式,分别从交友、治家、经商、修身、处世等5个主要方面撷取徽商的睿智语句,在弘扬徽商精神的同时,以期为人们尤其现代商人提供借鉴,汲取人生智慧。

　　徽商的概念不仅仅包括古徽州经商的人,同时还应该包括徽籍商人所经营的商业,也就是说"徽商"是指古徽州从商的人以及由他们创造的、以商业为主导的徽州地域特色经济和商人文化。地理环境为徽州人走出徽州,走上商旅提供了便利的条件;徽州人也凭借自己的聪明才智把握住了这个机会,创造出了属于他们的辉煌。绚丽精深、领域宽广、体系丰富的徽文化培育了徽商以自强不息、尽职尽责、崇尚节俭、勤劳忍耐、诚实守信、尊重知识、尊重人才、和睦邻里、济贫救灾为特征的传统美德。经过60多年的研究,对徽商的定义、徽商的起源、徽商的经营特点、徽商成功的影响因素、徽商衰败的原因、徽商对社会和历史的影响等方面的研究成果已经相当丰富。要想从单个角度入手,继续深度地挖掘已经很困难了。在这个金言系列中,我们也没有打算给读者提供规范和严谨的学术研究线索,只是希望通过鲜活的案例、画龙点睛的感悟,给读者朋友提供丰富阅读视野的素材,提供观察世界的窗口和体察人生的思路。

　　徽州人有修家谱的习惯。对于那些违反纲常的不肖子孙,要在家谱、宗谱、族谱中除名,不予登记造册,不让他认祖归宗,让他成为孤魂野鬼。就这一条规矩,就足以让全体族人遵纪守法、尊师重教、积极进取,最后功成名就,流芳千古,也使整个家族繁衍生息,永避祸端。明清时期,徽州名臣学者辈出,仅仅5个小县城的进士就有2018人,而在歙县一地,明、清就有43人列入诗林、文苑,出现过"连科三殿撰,十里四翰林"、父子同为"尚书"、兄弟两个一起为"丞相"的逸事,造就了诗书礼仪之风,培育了竞相怒放的徽学之花,给后人留下了异彩纷呈的人文景观和历史景观。

对联是我国文学艺术百花园中的一朵奇葩。徽州几乎所有古民居中都有诗文联匾,尤其是楹联更为必备。这些诗文联匾不仅书法精妙绝伦,而且内容丰富、寓意深刻,包括做人的准则、读书的道理、治家的诀窍、创业的方略、经商的招数,使这些短小精练的名联佳对,变成了帮促世人"修身、齐家、治国、平天下"的如珠妙语和劝世良言,寄寓着主人的精神追求及对人生的体味和对后代的期盼。徽商奉行"货真、价实、热诚、守信"的为商之德,对商品要求货真价实,对顾客和商业伙伴热诚守信,"戒欺"、"真不二价"、"少时不欺客、畅时不抬价"等警句楹联,不仅屡屡出现在古徽州民居的门匾上,更贯穿于徽商的经营活动全过程。楹联从一个侧面真实地反映了徽商的风貌与精神传承,以特殊的形式承载着徽州的文化和历史。今天,这份瑰丽的文化遗产,尚待进一步发掘整理。在本丛书中,一些重要的诗文联匾也被我们辑录并推荐给读者。

徽商的商业实践,推动了众多商书的出现。明代后期出现了不少商书,如《一统路程图记》、《天下水陆路程》、《新安原版·士商类要》、《天下路程图引》、《客商一览醒迷》、《新刻士商要览——天下水陆行程图》等。这些商书不仅介绍了全国数百条(重点在长江流域)交通路线、水陆途程,而且还详载各条路线沿途食宿条件、物产行情、社会治安、船轿价格等。有的商书还专门介绍了从商经验,告诫商人在投牙、找主、定价、过秤、发货、付款、索债、讼诉等过程中应予注意的各个环节,总结了商人应该遵循的商业道德。商书的出现不仅有利于商业的发展,同时也为商业文化增添了新的内容。

徽州人闯荡商海,历经多少艰辛与磨难,体现了不甘于贫困、追求发展、勇于冒险闯荡、开拓进取、相互协作的精神,铸就了坚忍不拔、吃苦耐劳、百折不挠的顽强意志以及回报社会的良好品格。徽商在经商过程中留下了大量的懿行嘉言,大都通俗易懂,有事有理、即浅即深,包括许多为人处世、应事接物、经商策略等基本道理,激励他人和后辈改过从善,奋发向上,在今天也有很好的参考和借鉴价值。

我们试图从纷繁丰富的典籍、文书、诗文联匾、族谱家训等原著以及浩如烟海的著作、论文之中搜集、撷取徽商言论的精华,将其分门别类并按一定的逻辑顺序呈现出来。本丛书第一辑按内容分类,共5册,包括《治家金言》、《经商金言》、《修身金言》、《处世金言》、《交友金言》。每类又大体按照经典原文、译注、感悟和相关故事链接以及延伸阅读等5个部分的体例编排。可能会有少许条目交叉，但编写者会从不同的角度予以解读。因为徽商的做人、处世以及交往、经商等实际上是儒家"修身、齐家、治国、平天下"的践行过程。

70多年前，哲学家怀特海在哈佛商学院的一次演讲中说："伟大的社会是商人对自己的功能评价极高的社会。"《财富》杂志的创办人亨利·卢斯将这种使命感推向极致，他认为商业即是"社会的核心"，商业行为保证了对自由市场的严格要求，从而确认了自由社会的基础。现代国际经济社会发展更进一步证明了社会财富的增长绝非仅靠积累，而是通过广泛交换、刺激生产和消费、不断创造而来的。所以对民富国强的社会发展来说，商业发达是其坚实的基础。

我们辑录这些"金言"的过程也是接受徽商文化熏陶和洗礼的过程。徽商身上所表现出的"徽骆驼精神"是民族顽强的原始生命力和勇于开拓创新精神的一个生动体现。"徽骆驼"的精髓，是"自强不息，厚德载物"。徽商长期经营活动中积累和沉淀下来的"进取、创新、合作、诚信"的人文精神，勇于开拓、坚忍不拔的创业意志，同心协力、相辅相成的团队观念，诚信重诺、依律从商的契约意识，重义轻利、贾而好儒的人文品格，是徽文化精神的核心与动力，是徽文化的精华。"徽骆驼精神"也正是我们今天要提倡并需要发扬的自强不息、吃苦耐劳、积极进取、拼搏创新的优良品德。

真正的商人，必是有志向、有毅力、有能力、有修养者。在他们身上，彰显着敢作敢为、能作能为的魄力胆识，这应该成为我们民族精神中积极和闪亮的部分。我们社会需要的是心志专一、敬业乐群、俭约朴实、信义为尚，勇于挑战命运，竭力实现自我，同时回报大众的出类拔萃之辈。我们不能苛求徽商，因为我们不能苛求历史。今天我们研究徽商，要赋予徽商精神新的时代内容，容纳新的时代精神。创造一个守契约、讲诚信的法治环境，创造一个提倡创新、注重独立性的人文环境，才是我们今天的当务之急。这样的环境才真正有利于现代商业的发展，也有利于一切正当事业的发展；同样，今天我们培育积极、健全的商人精神，重建社会道德，也需要从最基础的工作做起，从最生动地展现中国人的精神面貌和真实人性的亲情、人伦、诚信、敬业、乐群等入手，找到社会秩序重建的正途。

本丛书编写过程中，参考了大量关于徽商、徽文化研究等方面前辈老师及同行学者的研究成果，由于容量有限，我们没有将这些文献列示出来。这些文献为我们的写作点亮了前进的航标灯。对此，我们向这些前辈老师及同行学者表示诚挚的谢意！更希望前辈老师、同行学者和读者朋友对书中的不足给予指正批评!

　　本丛书编撰,安徽人民出版社的各位领导从选题策划、内容确定、编撰形式到最后定稿都给予了细致的指导;编辑老师专业严谨,精心编校,使本丛书得以顺利出版发行。对此,我们表示衷心的感谢!

孔令刚

2014 年 6 月

前　言

　　"慎终追远"、"孝悌伦常"、"勤俭持家"和"耕读传家"可以说是徽商治家的四大核心理念。体现在徽商治家实际活动中，表现为注重延师课子，言传身教，令子弟业儒；雅好诗书，好学不倦，重视和资助文教；耕作治家，终岁勤劳，慎终追远，以孝悌传家等几个方面。本书通过辑录徽商精华言论和睿智言语，对徽商家庭这几个方面的治家理念进行解读，以感悟形式反映作者的思考。

　　在徽州楹联中有很多孝敬友爱的内容。如："慈孝后先人伦乐地，读书朝夕学问性天"、"千经万典孝义为先，天上人间方便第一"、"孝悌传家根本，诗书经世文章"、"惟孝惟忠，聪听祖考彝训，克勤克俭，先知稼穑艰难"。徽商以此来教育后代孝敬父母、与人为善、团结友爱。

　　勤与俭，是儒家传统文化中最古老的训诫。徽商以勤俭著称，勤与俭成为他们日常崇奉的信条并竭诚实践。勤，促使他们极尽人事之运用，富有进取冒险的精神；俭，使他们善于积财。他们把勤、俭载于家法、族规，用以规范族众，勤、俭还被写入明代出现的商业专书之中，以供商人时时自省，落到实处过程中建立起有自己特点的贾道和营运的形式。

　　徽商特别重视对子弟的教育，而且教育子弟的方法也是多种多样的。明清时期的徽商家庭在采用耳提面命和尺牍传教两种方式对子弟进行言教的同时，极注重"正身率下"，注重言教和身教的有机结合，律己和教子良性互动，既突出言教的艺术性，又讲究身教的规范性，是善于教子的古代商人团体。

　　从区域文化特征上看，徽州是明清两代主流文化——以儒学为基础的程朱理学的发源地，儒学的伦理道德观念是徽商治家、教子以及创业、创新的指导思想。徽商家庭重视读书，重视子弟教育，甚至有"养子不读书，不如养肥猪"的民谣。可以说，读书做官是他们的第一选择。对此，一些聚族而居的大宗族总是千方百计地为子弟读书创造条件，包括专门设立膏火田、学田和族田等，为读书科举的子弟提供学费和参加科举盘缠的资助。但是，通过科举渠道进入仕途的毕竟只是极少数，绝大部分徽州子弟在参加科举失败以后，往往弃儒从商，并努力在茫茫商海中，以自己所掌握的文化知识，拼搏进取，最终获得了巨大的成功。徽商重视读书、重视教育、重视科举，但他们并不拘泥于此，而是相当实际地面对现实，重视实效。西递村"读书好，营商好，效好便好；创业难，守成难，知难不难"对联很能说明问题。徽商们大多在致富后重视文化建设,捐资兴学,刻书藏书,修方志,邀讲学,培养子弟读书入仕,谋求政治地位的提高,同时也促进了地方文化的繁荣,孕育了一大批国家的杰出人才。大多在故乡建家祠筑宅邸、修族谱置族田以及助修书院等。

徽商家庭非常重视奉亲至孝。宗祠祭祀、族规训诫联,如"神力永扶家道盛,祖德常佑子孙贤"、"祖德宗功百世香烟结彩,国恩家庆万代子孝孙贤"。宗祠联是宗祠文化的一个重要组成部分,在宗祠楹联中,几乎所有的宗族祠堂都有追本溯源、不忘故土祖根的寻根联,这在强化宗族意识、增强认同感和凝聚力中作用很大。

百善孝为先。儒家认为孝道是道德的入门。孝,就是孝敬父母、尊重长辈,实质是知根溯源、感恩图报的思想。这是一个人最基本的道德。过去讲修身齐家治国平天下,认为一个人只有自我人格完美,才可以管治家庭进而治理天下,这种人格的递进关系是很有道理的。一个对家庭都没有责任感的人,怎么能对社会有责任感呢? 从社会效果来看,孝道令家庭和睦、社会稳定,也是值得我们提倡的。青少年只有在家孝敬父母,才能在外尊敬师长、关心社会,成为一个有责任感的人。

如何理解耕读呢? 耕,是指从事农业劳动,耕田可以事稼穑、丰五谷,养家糊口,以立性命;读,即读书,读书可以知诗书、达礼义,修身养性,以立高德。所以,"耕读传家"既学做人又学谋生。耕读之家最能维持长久。

徽商以诚实取信于人,且多行义举,在其家乡以及其聚集的侨居地,实行余缺互济的道义经济,以重德为根本,成其贾道。在此氛围下成长的徽商子孙,受其熏陶,其贾道得以传承不息。传承儒道,积德行善。不管是古代,还是今世,德与善一直是考量一个人是好人还是坏人的最主要的判别标准。

因此,徽商的治家理念今天依然有很多方面值得我们借鉴。

目　录

慎终追远

勤俭持家

耕读传家

孝悌伦常

慎终追远

【原文】

谱牒赫赫千载蕃昌,家乘灿灿万世辉煌。

【译注】

谱牒:家谱、族谱,是对诸如家乘、家牒、宗谱、世谱、房谱、支谱等的泛称。它是同宗共祖的血亲集团以特殊形式记载本族世系和事迹的历史图籍,内容包括姓氏源流、家族迁徙、世系图录、人物事迹、风土人情等。

家谱记载了家族千年的辉煌,家谱记载的家族事业同样还会延续万年。

辑自徽州祠堂楹联。

【感悟】

谱牒作为一种文化传播文本,主要传播功能表现为社会沟通功能和社会控制功能。谱牒传播的社会沟通功能表现在与祖先的沟通、与父母子女兄弟姐妹的沟通、与子孙后代的沟通。

修谱的功用是寻根留本,清缘备查,增知育人,血肉联情,承前启后。

尊祖敬宗遵万古圣贤礼乐,修谱编志序一家世代源流。

【故事链接】

徽州作为中国封建社会后期传统宗法制度较为盛行的地区之一,宗族对纂修家谱极为重视。据《寄园寄所寄》记载:"父老尝谓新安有数种风俗胜于他邑:千年之冢,不动一土;千丁之族,未尝散处;千载谱系,丝毫不紊。"歙县岑山渡程且硕(程庭)在《春帆纪程》中记徽俗说:"徽俗,士夫巨室,多处于乡,每一村落,聚族而居,不杂他姓。其间社则有屋,宗则有祠。支派有谱,源流难以混淆;主仆攸分,冠裳不容倒置。"徽州一府六县名族大姓比比皆是,各名族大姓纷纷修撰族谱、家乘,以强宗固族。此外,一些小宗小姓也编修家谱,从外迁入的人都保持着聚族而居的传统,内部团结是徽州宗族性强的另一个原因。徽州山多田少,人多贫困,聚族而居则能相互协作、相互周济。明嘉靖十三年(1534年)程尚宽《新安名族志》记载了84家大族迁移徽州的过程,徽州各村落的名称也因姓氏而命名,如歙县的谢村、刘村、郑村、胡村、杨村、江村、吴村、黄屯、鲍屯、罗田等。

【延伸阅读】

家谱在中国延续了3000多年,已成为中国的三大文献(国史、地志、族谱)之一。仅上海图书馆收藏的家谱就有1.2万多部(9万余册),是目前世界上收藏民间家谱原件最多的图书馆。家谱是族人血缘关系的记录,是社会文明进步的轨迹,是以特殊形式记载的关于家庭起源、家族形成、民族融合及其繁衍生存、迁徙分布、发展兴衰的重要史籍,凝结着华夏文明的形成、发展、传播及各民族、各地区之间经济、文化交流的各种内容,蕴藏着丰富的文化遗产;家谱记载的内容又可反映当时的一些重要事件及经历,往往可补充史料的不足,属珍贵的人文资料,它对研究中国的人文发展及其构成有着不可多得的史料价值。今天,炎黄子孙遍布世界160多个国家和地区,海外华人超过5500万。每年大批华人不辞艰辛回到中国祭拜祖先。中国人的这种寻根追祖情结,不能不说与延续数千年的家谱有关。家谱维系的不仅是一个家族,更是一个民族。

可以说徽州家谱的纂修不单单是编一部宗族的史书,在宗族社会中,编谱的过程本身就是一个正本清源、联络宗谊、褒忠惩奸的过程,宗族每年对家谱进行定期验谱、检查和续谱活动更是实行宗族治理的重要手段之一。

【原文】

尝谓谱者,明人伦,别长幼,体先王,溯本源,尊祖敬宗,佑启后人。

【译注】

通常我们说家谱的作用在于此,明白人与人之间的相互关系,对年长者和年幼者之间有先后尊卑,体察、领悟先祖的功绩,追本溯源,祭祀祖先、敬重先辈,护佑和教导我们的后辈。

"宗族是由同一祖先按男性血缘系统传承的家庭组成的族群

共同体。"宗族组织得以形成、发展的前提是对同一祖先血缘传承系统的确认，这是依靠记载清晰的族谱来实现的，"谱之作何为者也，人本乎祖一而已矣"。

辑自徽州《吴氏宗谱》

【感悟】

《论语·学而》有"曾子曰：'慎终追远，民德归厚矣'"。意思是谨慎地思考人生于天地之间的意义，看看老祖宗们都留下了些什么，在自身与先贤之间做一个对比，应效法先古圣贤。每个人都这样的去思考，人民的道德就自然敦厚了。

尊祖敬宗，慎终追远，瞻仰先人，缅怀祖德，承前启后，继往开来。人类产生孝的观念，不仅反映出古人的自然血缘关系，更重要的是反映出人类史上的一次重大事件的广阔背景，它是人类冲出动物世界，建立人性情感世界的重要标志之一，是人类人道和人伦的原始形态、人性情感的萌芽。

家谱的重要性就是让后人不忘祖宗遗训，以做国家有用之才为荣，不当家族不肖子孙。可惜"文革"破坏了中华民族的这一优良传统，这是中华文化精华的最大损失。

中华文化能够薪火相传、弦歌不辍的最主要原因，是因为传统礼乐道德文化的特性所致，而礼乐文化的载体，则又是与中华民族那源远流长的家族式文化承载体系密不可分的。中国人的特点是聚族而居，中国文化的传承除了国家的倡导外，主要是靠家族文化的力量。本姓本氏的长辈们，把他们平生日积月累的经验、对世界的认识，特别是他们的思想，毫无保留地传授给下一代，成为下一代生存的理念。这也成为中华文化代代相传的一个基本动力。

【故事链接】

在徽州家谱编修中，确定了"凡商而富者则书曰由商起家，子孙有学者亦曰公能教"原则。基于这种观念，徽州家谱中保留了大量徽商的传记、行状，如《竦唐黄氏宗谱》卷五中有《处士乐斋黄公行状》、《明故处士黄公豹行状》、《明处士竹窗黄公崇敬行状》、《东庄黄公存芳行状》、《云泉黄君行状》、《黄公鉴传》及《节斋黄君行状》等。其中特别值得关注的是该宗谱中还收入了一名女徽商的传记资料，这进一步证明了徽州家谱是成功商人留名的理想之所。该宗谱记载："孺人讳盛，溪南吴氏女，归竦塘黄氏，为处士用礼君之配。处士少习举子业，已弃去，游广陵淮阴间，以居积起家，家政悉倚孺人。泉布出入，不假簿记，筹算心计之，虽久，锱铢不爽。处士既得孺人，无内顾虑，专精乘时，致赀巨万。处士卒，子濡继其业，赀益大殖。是时海内平又久，江淮为京南北中，天下所辐辏，擅赢利其间，号素封者林积，而黄氏二世尝甲乙焉……故黄氏虽久盛，未尝罹文法，对吏议，得以善富名，孺人力也。嘉靖戊申九月，孺人寿八旬。"尽管在徽州家谱中有许多烈女的传记资料，但为一名以经商为主的妇女传写行状，并大加称赞的并不多见。

【延伸阅读】

尊祖敬宗。古人认为去世先人，特别是氏族首领，在天庭与天帝为伍，可以左右天帝意志，对部落和氏族的吉凶祸福至关重要，从而产生了祖先崇拜，主要形式为宗教式的天帝与祖先共同祭奠，其目的主要是为使氏族集体趋福避祸、繁荣昌盛而为。

族谱中所保存的家规、家训以及治家格言等，从一开始就以积极、进取的人生价值和社会价值态度来讨论家庭环境和家庭氛围的建设。在家规、家训中，伦理纲常作为其理论基础占有中心地位，尊祖敬宗、孝悌忠信的内容占全部内容的大半。族谱中的家规、家训除上述内容外，还有睦族人、和亲友、恤孤贫以及戒赌博、戒奢侈、戒懒惰、戒淫逸等，对家族成员的行为、举止做出规范，这也是足资我们今天借鉴的有益的成分。

明清徽州家谱编修与徽商在近6个世纪的时间里相互影响有关，通过家谱编修活动宣扬了"良贾何负闳儒"的理念，为徽商的经商活动奠定了良好的心理基础。

【原文】

尊祖敬宗遵万古圣贤礼乐，修谱编志序一家世代源流。

【译注】

礼乐：礼节和音乐，指圣贤推崇的礼仪和规范人们行为的活动。

恪守历代圣贤推崇的各种礼仪，按照家族的起源和发展排定家族世世代代顺序。

辑自徽州祠堂联。

【感悟】

历史是现实的有益借鉴,是智慧的活水源头。以祭祀的方式唤起后人对祖先的追思和敬慕,沉淀的是一种道德、一种文化。教育活着的人要做一个有德性的人,一个为人厚道的人;从自己对先人的缅怀中,让下一代明白其中的一种美德。

【延伸阅读】

"天不生仲尼,则万古如长夜。"这话也许稍稍"过"了一些。孔子晚年的基本身份是教师,招收的学生比较多,有"弟子三千,七十二贤"的说法。孔子在晚年为自己确立了作为传统文化的继承者与整理者的角色。这种角色所承担的核心职责,就是承前启后,既总结、提炼人世间的秩序,同时也为这套秩序赋予意义。站在这个角度上,我们可以说孔子是"守旧"的。然而,孔子对于"旧"文化的"守护"与整理,既有助于民族精神的凝聚,更有助于形成和谐有序的社会生活。孔子为中华民族规定了一种秩序与一套礼仪,从而为我们的民族精神提供了一颗最坚硬的内核。

就一个人的思想对一个民族精神、民族文化影响的深度、广度和持久程度而言,在中华民族历史上,没有一个人能够超过孔子。

先秦儒家的特立独行之处在于,他们不因现实政治的混乱和社会的苦痛而嘲弄、批判和否定礼乐传统;相反倒是坚信正是由于人们对礼乐传统的弃置不顾才导致了灾难的降临;他们在高度肯定和颂扬三代礼乐传统的同时,对现实生活中随处可见的破坏、毁弃礼制的行为公开表示谴责、批判和憎恶。

【原文】

尊祖敬宗孝孙有庆,敦诗说理明德惟馨。

【译注】

孝孙:祭祖时对祖先的自称。　有庆:《书·吕刑》中有"一人有庆,兆民赖之,其宁惟永。"《孔传》中有"天子有善,则兆民赖之,其乃安宁长久之道。"后常用为歌颂先祖德政之词。　敦,本义是投掷,这里是推崇、崇尚意思。

用赞美的语句歌颂祖先功德,敬重祖辈开创的事业,推崇诗书礼仪,这种美德如芳草的芬芳传递围绕在我们身边。

辑自徽州祠堂联。

【感悟】

尊崇祖先敬重贤良,先贤好,子孙才得长宁久安;崇尚知识、明辨事理,德性美,其行就能芳香清纯。今朝我辈祭先祖,他年子孙更贤明。

明德之行莫过于积善修德。

祭祀的社会整合功能。祖先崇拜,以祈求本宗亲属的繁殖与福祉为目的,但其更重要的一项功能是借仪式的手段,以增强与维持同一亲团(家族)的团结性。从社会功能而言,它强化了宗族社会的群体意识。家族制度要靠祭祖仪式来维持。祖先的祭祀可强化宗族群体的意识,早期农业社会为土地、水源、灌溉、坟地,若有异族争夺,氏族群体则团结起来抗争,团结就是靠祭祀同一位祖先培养出来的一种精神。

【延伸阅读】

追本溯源,是人类的本性,而尊祖敬宗、颂扬祖德乃是每一个民族的传统美德。在中国几千年的历史中,名人辈出,而每一个姓氏都有自己独立的发展历史和不同的文化内涵,它所涌现出的可歌可泣的人物、发生的事件都作为一种荣耀载入他们的姓族文化,使后代子孙难以忘怀而世代颂扬。宗祠联是昭示这些先贤美德、思想境界以及他们在历史上的丰功伟绩,传递宗族思想及行为规范,鞭策后人奋进向上的最好表现手法。

中国人最真实的生命状态和精神面貌正是在对死者的祭祀和追思中得到体现。在现代中国革命运动的浪潮中,人们曾把所有祭祀祖先的活动称为迷信,不让人们去祭祀亲人,在人生观教育中不再以孝亲为本。今天,当我们强调文化自觉的时候,也许最值得思考的问题之一,恰恰是如何认识中国人情感世界、精神世界之最深刻的基础。曾子曰:"慎终追远,民德归厚矣。"今天我们重建社会道德,需要从最基础的工作做起,从最生动地展现中国人的精神面貌和真实人性的亲情入手,找到社会秩序重建的正途。

【原文】

祖宗善厚留遗由来远矣,岁时蒸尝祭享可不敬乎。

【译注】

岁时:一年四季。 蒸尝:本指秋冬二祭,后泛指祭祀。

祭享,供奉祭品祭祀。

祖先忠厚行善给后代留下精神财富由来久远了! 一年四季都要祭祀先辈可不能不虔诚啊!

辑自徽州祠堂联。

【感悟】

善厚天赐福,德高地养人。人类历史的发展为我们留下了很多物质财富和精神财富。比如发明创造、语言文字、各种工具、自由平等的思想。感恩的最好方法,就是学习知识,掌握使用工具的技能。在学习使用现成东西的基础上,做出自己的成就,为后世人类的幸福打下更厚实的基础。

【延伸阅读】

在人类文明的长河中,每一种文化往往都会形成自己对于死和死者的独特态度,正是通过这种态度建立了他们对于生命的终极价值和意义的理解;甚至在这一基础上通过一系列礼仪制度,创立文化的样式,塑造文明的精神。中国人把死者当作了生者世界的一部分或延伸(洋洋乎如在其上,如在其左右。《中庸》),从未将两者分开。对于死者的祭祀,其主要功能也在于更好地认识“生”。

祭祀的功能有:通过祭祀强化自己与死者的感情连接,认识自己的人生职责和使命;通过祭礼认识每个人的位置和角色,重构合理的人间秩序;通过祭悼来反省人生的终极归宿,确立新的人生态度和价值。因此,在中国文化中,对于死者的祭祀,同样达到了改造生者、重塑此世的效果。

祭祀是中国人学会"成为人"最有效的方式之一。通过祭祀,我们对于人生多了一份理解;通过追思,我们对生命多了一份敬重。每一个死者的离去,对他来说是人生的谢幕,对我们来说则是严重的警示。因为他的今天,将无可避免地成为我们的明天,我们谁也无法阻挡自己死亡的那一天。由此,我们也对人生少了一份贪恋,因为我们在有生之年对于金钱、财富、名利的所有聚集,终究是生不带来、死不带走的。死,特别是亲人的死,让我们认识到命运的无常和可怕,体会到生命的脆弱与无奈。我们由此对人生不敢再掉以轻心,不敢再玩忽怠慢或挥霍浪费。我们在丧祭中走向成熟,逐渐变成为有责任感和尊严的、顶天立地的人。

【原文】

> 事思敬,貌思恭,思极鬼神通,如质在旁,如临在上;物本天,人本祖,本培枝叶沃,俾炽而昌,俾寿而臧。

【译注】

貌:指的是我们所有的肢体语言,表现出来给人的感觉要恭敬、不粗鲁、不急躁,否则会给人压力。 思极鬼神通:古人说的"思之思之,思之不得,鬼神通之",实际上使之"通"者并非"鬼神",而是在不断思考中使智商有所提高,然后回过头来有助于自己对问题更进一步、更深一层的思考,成为良性循环,最终乃臻至于彼岸。俗话说,举头三尺有神明。为人处世需时时自思自检、止恶行善,切不可心存邪念,为非作歹。 俾炽而昌:意思和常见的"如日中天"一样,就是蒸蒸日上,如同中午的太阳一样永远昌盛。这个词常见于古代官宦人家的府邸额匾之上,是一句吉祥的祝福话。也可以看作是主人行事低调的表现,意思就是要追求中庸之道,不可剑拔弩张,保持稳定的增长,才能将这种昌盛持久下去。

做事要多为别人考虑,处事要想到是否谨慎,神情态度要恭敬,用尽心思去做事就可以与鬼神相互交流,就如神灵就在身边、就在上面俯看着一样；物体本源来自于天，人来自于祖先的养育，培植与养护根本才能枝繁叶茂，放低自己而不要过于炽烈，这样才可永保昌盛，对生命价值的追求在于"善"，这样才能没有灾难。

本句辑自婺源思本堂祠厅联。

【感悟】

德国哲学家康德曾经感慨，"头顶的星空，心中的道德律"，让他"有加无已地赞叹和敬畏"。头上的星空是宇宙论问题，心中的道德律是人类学问题；头上的星空是外在的必然，心中的道德律是内在的良知。因为仰望，所以看见；因为心中有美丽道德律，才能看见头上美丽的星汉灿烂。

②祭祀的心理辅导功能。人有生、老、病、死的过程，当地上的生命结束，进入另一个新的境界，祭祀在个人心理上与相关的社会群体都能产生适应、生存、整合的功能。中国人对丧事的祭祀，可疏导人对死亡的恐惧心理，安慰子孙亲戚节制哀伤，甚至存着对美景的盼望，期待再相会，这就是"思极鬼神通，如质在旁，如临在上"，祭祀有心理辅导的功能。

【延伸阅读】

孔子说，做一个君子，要想着这9个问题：看到一个现象时，要想一下，是否透过现象看到了本质，是否真正理解、明白所看见和看到的东西；听到什么的时候，要考虑一下，偏听了没有，轻信了没有；说话处事时，要想着自己的脸不要冰冷地板着，任何时候脸色都要温和才是；要考虑到自己的态度是否恭谨，不论贵贱，自己的态度都得恭敬；说话时，要想一下，自己是否在撒谎，是否说了实在话；做事时，要想一下自己是否敬业、认真；有问题或疑问时，是否请教别人了，以求得正解。

人非圣贤，孰能无惑？惑而不从师，其为惑也，终不解矣；自己要发脾气时，要想一下所带来的不良后果，想一下你自己也反感别人发怒；若是可以不劳而获时，要想一下是否取之有道、得之有义，是否是自己应该得到的。

治家金言

【原文】

春曰祠夏曰礿秋曰尝冬曰烝，四时遁荐明禋，灵爽在天歆享祀；

父能慈子能孝兄能友弟能悌，一念皆关至性，满门善气蔼祥和。

【译注】

祠：祭名，古代指春祭。 礿：祭名，夏商两代在春天举行，周代在夏天举行。 尝：祭名，秋天举行的祭祀活动。 烝：祭名，古代特指冬天的祭祀活动。 遁荐(dùn jiàn)，请僧人给亡故先人诵经超度亡魂，俗称"做好事"。僧人执引魂幡放于席中，边摇铃边诵经，孝子则敬拜于天。然后烧冥衣，办粿品祭拜，烧库钱用具，给死者到阳司操做，雅称"遁荐"。 明禋：明洁诚敬的献享。灵爽在天：祖先的在天之灵。 歆享祀：享受祭品、香火。 一念皆关至性：一念之间都关乎天赋和品性养成，非常重要。 满门善气蔼祥和：全家和悦慈蔼祥和。

春天的祭祀活动称为"祠"，夏天的祭祀活动称为"礿"，秋天的祭祀活动称为"尝"，冬天的祭祀活动称为"烝"，一年四季都按照礼节祭祀祖先，让祖先在天之灵享受祭品；父辈做到慈爱，子孙做到孝顺，做兄长的爱护弟弟，做弟弟的敬重兄长，这些都是在一念之间养成的品行非常重要，如果做到这些了，全家就能够充满和悦祥和的气氛。

辑自婺源思本堂祠厅联。

【感悟】

现今社会，在"竞争才能进步"的价值观下，似乎唯有站在别人前头才能活得下去；唯有不断努力发展自我、表现自我才不会被淘汰。人与人之间变成为了利害关系而合作，为了自我利益而竞争，关怀、体谅他人的心消失了，常处在不满、责怪别人的情绪中。就物质的角度来说，竞争的确使人类进步，但是缺少了从小在家族中学习宽待他人、为人着想的经验，人变得越来越自我，内心逐渐退化萎缩，想要提升心灵也就越来越难。

我们现在处在一个非常的时代，深受西方物质文明的影响，传统文化逐渐式微，价值观念也日益混淆，整个家族互相照顾的系统，已渐崩坏，取而代之者，是个人主义思想，一切依赖金钱的付出，换来别人对我的服务，但此间却丧失了真诚与关心。现在我们要想单靠一己之力改善周遭环境，并依照传统儒家思想生活，几乎是不可能了。但至少有心想将传统优美的文化精神保存下来，慢慢的这种价值理念会影响我们的业，影响我们这一群追求心灵提升者的业，将来我们必会感得生活在那种环境中，这是很重要且是我们能掌握的。

【故事链接】

黟县山区流传这样的一个故事。有个家庭，共有兄弟三人，父母都已经过世了，兄弟三人就讨论将父母遗留下来的财产，平均分作三份，每人一份；连家中堂前种的那棵紫荆树，也决定要把它分为三份；而且明天就动手把紫荆树分割成三份；说也奇怪，就在兄弟们决定之后，这棵紫荆树突然就枯萎了。老大看到之后，感到非常的震惊，就跟两位弟弟说：'树木同株，听到自己要被分割成三份，所以才憔悴枯萎了啊！难道我们人却不如树吗？'说着说着，忍不住悲从中来，哭了起来；兄弟三人因此就决定不分割紫荆树了。说也奇怪，这棵树一听到三兄弟说不分割它了，就又活了过来。兄弟三人因此而感悟，再也不分家了。从此兄弟财产共有，而且愉快的生活在一起；邻居们都称赞：'这一家是孝门啊！'要知道兄弟属于天伦之一，与父子、夫妇并称为三纲；所以古人将兄弟比喻为手足，而手足就有不相分离的意思！因为分离又会分散，分散就会孤单，而孤单就快要灭绝了啊！

【延伸阅读】

徽州是礼仪之邦，宗法、家族、孝悌伦理观念根深蒂固，古代文人赵吉元这样描述："新安各族，聚族而居，绝无杂姓掺入者，其风最为近古。出入齿让，姓名有宗祠统之。"反映了当时严格按照宗族聚居的风气。"举宗大事，莫最于祠。无祠则无宗，无宗则无祖"，徽州各村宗族皆有祠。西递村胡氏在明代中期就有十余幢祠堂，到清乾隆年间有祠堂三十余幢。"孝弟传家根本，诗书经世文章"、"尊卑有等、长幼有序、内外有别、亲疏有秩"等伦理价值，通过一套严谨的宗族体系被世代传承下来，最终形成了古徽州特有的宗族文化，为历史上徽商的崛起埋下了伏笔。

【原文】

水源木本承先泽，春露秋霜展孝思。

【译注】

水源木本：水的源头，树的根本。比喻事物的根本或事情的原因。　先泽：祖先的德泽。　春露秋霜：比喻恩泽与威严。也用在怀念先人。　孝思：孝亲之思。

要记住祖先的恩泽是家族兴旺的源头和根本，以思亲孝顺之情怀念先辈德泽。

辑自徽州祠堂联。

【感悟】

一个身边之人，特别是亲人的死去，最容易触动心弦。死的遗憾永远无可挽回，死的损失永远无法弥补。因此，对于中国人来说，天人永隔的伤痛最刻骨铭心。春露秋霜展孝思，通过回忆死者的音容笑貌，生者对死者的痛楚达到顶点。在深深的遗憾和叹息中，人们不得不严肃面对死者的心愿；在痛苦的回忆和哭泣中，不得不认真调整人生的坐标。从此，我们对生命的含义有了新的理解：我们在死者的期待中站起，在先人的庇佑下前行。从此，我们的成功与失败、光荣与梦想，都和逝去的人息息相关。

【延伸阅读】

《礼记·祭统》："夫祭有十伦焉，见事鬼神之道焉，见君臣之义焉，见父子之伦焉，见贵贱之等焉，见亲疏之杀焉，见爵赏之施焉，见夫妇之别焉，见政事之均焉，见长幼之序焉，见上下之际焉。"又："祭者，教之本也。"十伦指10种意义、10种效用，牵涉社会各层面的关系，包括宗教、政治、人伦、家庭、婚姻体制以及社会各层面的人际关系。这种祭祀教化的功能彰显于社会。祭祀教导对父母长辈的孝敬、对友朋的信用，联系了社会的人际关系，也组成了国家的亲和力量。

先民希望借对祖灵的祭祀，期望祖先能保护后代子孙免灾得福，经过拟"神化"之后，仿佛有一种神秘的力量，对亡魂的祭祀产生敬畏。中国悠久的历史演变，祭祀祖先不仅是一种文化，也是一种不成文的宗教，逐渐演化为"爱慕"、"报本返始"、"慎终追远"、"死葬之以礼,祭之以礼"的礼教文化和流传的民俗,祭祀行为与宗亲祠堂则附有伦理孝道的教化功能,加以儒家推崇祭祀孝治文化,无形中成了中国传统文化和礼俗,故对国家社会的教化功能就更为显著。

【原文】

> 祖德昭昭亿万年长传宇内,谱牒灿灿千百世犹在人间。

【译注】

昭昭:光灿夺目,清楚。

先祖的功德与日月同辉,永久在世间传颂,对家族祖先功德的明确记载经过百世也依然生辉。

辑自宏村厅堂联。

【感悟】

乾坤朗朗,正气昭昭;弘扬祖德,以 励后人。

【延伸阅读】

苏州胥王庙(伍公祠)有联:"往事昭昭亿万世长传宇内,精忠耿耿千百年犹在人间。"表达了苏州人对伍子胥不朽功勋的崇敬。

【原文】

> 垂训一无欺能安分即是敬宗尊祖,守身三自省有正气便为孝子贤孙。

【译注】

　　先辈传下来的教诲始终如一地遵守，能够守规矩安于本分就是尊崇敬重祖先的表现，经常反省自己，保持品德和节操，为人处世有良好的风气便可称得上孝子贤孙。

　　辑自徽州楹联。

【感悟】

　　反省其实是一种学习能力。自我学习的内在动力来源于一个人的自省，只有感到不足的人，才能不断学习。

　　善于学习，善于把别人的东西进行融合，并成为自己独有的东西。

　　人如果能提早几十年开始反省，有一半人会成为了不起的人。

【延伸阅读】

　　《论语·里仁》："见贤思齐焉，见不贤而内自省也。"意思是见到有德行的人就向他看齐，见到没有德行的人就反省自身的缺点。看到比自己好的人要把他作为榜样，向他学习；看到不好的人，要学会自我反省，从中吸取教训。

【原文】

先圣功德昭千古，延陵后裔传万代。

【译注】

　　先圣：先世圣人。先圣一般指仓颉与孔子，前者为传说中汉文字的创造者，后者则是中国文化史上最具影响力的宗师。这里泛指逝去的贤明的、人格最高尚的人　　昭：显扬，显示。　　延陵：延陵，古邑名，本为春秋吴邑，季札所居之封邑。延陵郡为中国十大姓之一的吴姓的郡望。季札是周朝吴国人，因受封于延陵一带，又称"延陵季子"。他的祖先是周朝的泰伯，曾经被孔子赞美为"至德之人"。泰伯本是周朝王位继承人，但父亲太王有意传位给幼子季历以及孙子昌。于是泰伯就主动把王位让了出来，自己则以采药为名，逃到荒芜的荆蛮之地，建立了吴国。

历代圣贤建立的功德光耀千古，后世承继前辈遗训而代代不息。

本句辑自徽州吴姓祠堂对联。

【感悟】

承袭祖宗的遗训，这既是一种对长　更是一种信仰的传承。者的尊敬、一种血缘和宗亲上的认同，

【故事链接】

矗立在歙县北岸村的吴氏宗祠，距今差不多200年，它延续着徽州罕见的三进五间的建筑格局，从门庭到寝堂，台基逐步高升，真实地体现了祠堂后人对先祖慎终追远的虔诚。祠堂的建造者是乾隆年间北岸吴氏家族的茶叶巨商吴士度，他经营的生意分号很多，民间有一种说法是他走遍全国都不需要银两。客居京城的吴士度，在修建祠堂之后，请人在黟县青石板上创作了《百鹿图》。现在游人往往很有兴致地去数那些奔鹿的数量，即便是不眨眼地去数，往往也容易数混淆。因为鹿群刻画生动，皆似在奔跑，所以数来数去，徒劳无功。但是不管数多数少，都会在赏玩之间体察到吴氏对于子孙后代的光宗耀祖的良好期望。

【延伸阅读】

一般地说，徽州大户在他们的形成过程中，无不充满了奋斗和上进的活力，从而造就了一批批时代精英。而在他们的事业取得成功、跻身于名门大户之后，为了事业传承，他们不仅仍能身先示范，还通过兴办教育提高儿孙后代的人文素质，为精英的产生提供必要的环境。

【原文】

饮水思源扬祖德，知恩报本浴后昆。

【译注】

　　饮水思源传播发扬祖辈功德,知恩图本才能给后代带来福报。

　　辑自徽州楹联。

【感悟】

　　物有报本之义,人有思祖之情。
　　滴水之恩当涌泉相报。
　　养儿才晓父母恩。
　　知恩勿忘报,施恩勿望报!

　　人人抱持"感恩心"彼此付出,世界就是清净祥和的世界。社会上人人都能相互尊重、彼此关怀,这个社会才能充满光明与温馨。

【故事链接】

　　胡适是现代著名学者、诗人、历史学家、文学家和哲学家,因提倡文学革命而成为新文化运动的领袖之一。而且,胡适还是有史以来炎黄子孙中唯一一个拥有"三十六顶博士帽"的人。这样一个传奇式的大师也有常人的喜怒哀乐,甚至也有普通男人的那些优点和缺点。胡适是个知恩图报的人。他小时候因家境贫困,同族爷爷——徽商胡节甫给予他经济上的资助,帮胡适跳出萎靡泥淖,振作精神,走出国门,终于让他渡洋留美成行。胡适把恩情永记在心,节公逝世后,胡适支款,悄悄地为胡节甫原配夫人节娘开了一个折子,每月取息,以作她养老之用。后来,胡适还负担了胡节甫孙子在吴淞中学求学的全部费用。胡适的胸怀宽广、和蔼可亲一直被传为佳话,他的交往上至达官显贵,下至贩夫走卒,心所交游,都可成为"我的朋友"。

【原文】

　　敬祖千秋承祖德,尊宗万古继宗风。

【译注】

永久地敬拜祖先遗志，敬重祖先继承宗族优良传统。

辑自徽州祠堂联。

【感悟】

尊宗敬祖寄托的是中国人对生命的基本关怀，也体现对生命的留恋和对人伦亲情的看重。在中国儒家的观念中，忠、孝是最重要的美德，即使对已经去世的先人，也要像他们依然活着时一样的尊敬，在节日中要供奉、祭祀。在中国，对祖先的崇拜并不是一种宗教信仰，而是日常要遵守的行为准则。祖先崇拜发挥了加强家族意识、整合社会的功能。

【延伸阅读】

《论语》中说："慎终追远，民德归厚矣。"慎终，指对人的送终之礼要慎重；追远，就是指祭祀先祖，对远逝的祖先能怀有追思之心。儒家认为，在世之人之间相处易杂功利之心，对远逝的死者如仍然能怀有深情厚谊，世风民德自然会变得淳厚。

【原文】

先圣创业千秋称颂，后昆继世万代光荣。

【译注】

辑自徽州楹联。

【感悟】

现代人头脑是受"现代知识"武装 起来的，凡事多是只看到眼前利益，或几年、十几年、几十年的效果，急功近利；而古圣贤们的教诲，是看到了千秋万代人的利益。教育我们为人处世要为我们子子孙孙的福祉着想，不能只看眼前的利益。

【延伸阅读】

崇文重教、光宗耀祖是徽州世代族人的道德激励。后昆继世的基本取向是"男儿欲遂平生志，六经勤向窗前读。"

【原文】

至德门第忠孝为本，延陵后裔节义传家。

【译注】

至德门第：德行高尚的家族。 延陵后裔：吴姓后裔。 节义：节操与义行。节，最初指竹节，后引申为做事的尺度，是气节、节操，表征道德品质，具有坚持、信守道德的意蕴，也有礼制、准则的意思，节还具有节制的含义。义，立身之本，"人之正路也"（孟子）。人去做应当做的事就是"义"；做不应当做的事就是"非义"。区别行为正当与否，人的"善恶之心"就是"义"的表现。

德行高尚的家族以忠孝为本，节操和义行是世代昌盛的根基。

本句为徽州吴姓家庭常用对联。

【感悟】

"忠"要体现为敢于直言和恪守职责，绝非是建立在人身依附以及小集团利益上的盲从关系，且这种盲从关系是为正统儒家学者所指责的，是一种不忠不义、小人结党营私的奸佞行为。

"孝"是处理长幼关系的基本准

则,尤其是进入老龄化社会的今天,倡导孝道对于实现社会和谐与稳定,更具有深远而且是不可替代的作用。

"节"是保持善行的尺度,是对行为的限制,失之则为恶,即所谓失节、变节。在这个意义上,守住节操和操守、气节,就等于守住了立场和原则。

"义"是善行的延伸,不为亦不恶,例如路见不平拔刀相助的义行,没有实施这一善行的人最多只能被称为怯懦,但不能称为恶。在"可为"与"不可为"的处境中去选择善行,这就是义的道德实践核心。"不义而富且贵,于我如浮云。"

【延伸阅读】

历史上有关周太王古公亶父长子太伯三让天下,与二弟仲雍出奔江南,使三弟季历(周王季)继承王位而振兴周族、共昌西周的史实,一直被传为佳话。太伯(泰伯)、仲雍后来在蛮荒之地的江南建立了吴国,成为吴氏始祖。孔子曾盛赞吴氏始祖太伯为"至德也已矣!"从此,吴氏后裔及其分支均称为至德宗亲,吴姓的堂号为"至德堂"、"吴郡堂"等。

【原文】

神力永扶家道盛;祖德常佑子孙贤。

【译注】

先辈在天之灵永远扶植后辈,使家业昌盛;祖辈的功德一直护佑后代,子孙贤能。

意为祈愿祖先保佑后世家道昌盛,子孙贤德。

辑自婺源祠堂联。

【感悟】

常念祖德人子福,肯报亲恩善士心。

神力永扶家道盛,祖光常照子孙贤。

【延伸阅读】

　　所谓的至德要道,就是孝道,这个孝道就是德行的根本、教化的出发点。孝由家庭私德逐渐扩展到国家和社会,演变成一种社会公德。其中有明显的轨迹可循:先是从家庭伦理扩大为家族伦理和社会一般伦理,如从父母子女扩展到兄弟姐妹,再扩展到祖父母、外祖父母、伯、叔、姑等,并一直推到天下的长者,从而在传统中国社会形成了一张伦理之网,成为人们处理各种家庭、亲属以及人际关系的价值标准。

勤俭持家

【原文】

继先祖一脉真传克勤克俭，教子孙两行正路惟读惟耕。

【译注】

继承先辈最有价值的传家之宝是勤劳和节俭；教育子孙走两条正当路径，耕读传家。

辑自徽州楹联。

【感悟】

中国几千年的农耕社会，耕地种田，解决现实温饱问题；读书做官，解决梦想与发展问题。所以视耕、读为正道。

勤俭应成为做人美德。它既符合当下国家提倡的建立资源节约型、环境友好型社会要求，也利于个人保健养生，破妄想、除杂念、合天理、顺自然。所谓"静以修身，俭以养德"。

【延伸阅读】

"耕读传家"在徽州百姓中可谓流传深广，深入民心。耕田可以事稼穑，丰五谷，养家糊口，以立性命；读书可以知诗书，达礼义，修身养性，以立高德。所以，"耕读传家"既学做人又学谋生。"读"，当然是读圣贤书，为的可不完全是做官，是学点"礼义廉耻"的做人道理。

【原文】

二字箴言惟勤惟俭，两条正路曰读曰耕。

治家金言

【译注】

记住劝诫两字,养成勤劳、节俭的品质,人生有两条要争取的正确道路即读书与耕作,既学做人又学谋生。

辑自黟县宏村承志堂书房联。

【感悟】

勤与俭,是儒家传统文化中最古老的训诫。拥有移民众多的徽州,经历了中原正统文化与越人文化相互激荡与相互融合的过程,因而社会充满活力。他们以勤俭著称,勤与俭成为他们日常崇奉的信条并竭诚实践。勤,促使他们极尽人事之运用,富有进取冒险的精神;俭,使他们善于积财。

【故事链接】

无论是孝悌还是农耕,都要和读书挂钩,从书中而来的孝悌是"传家之本",而非读即耕的"正路",则是给子孙后代设计好的人生规划,显然不希望后人再走自己经商的老路。西递的胡氏本来姓李,他们的祖先出自帝王之家。904年,朱温篡位,自立梁朝,唐昭宗李晔一家惨遭杀害。唯一幸免的是刚刚诞生的皇子。身为歙州婺源人的官吏胡三,在风暴降临前辞官归乡,他将怀抱中的稚幼皇子起名叫做胡昌翼。很多年过去了,长大成人的胡昌翼终于明白了自己的身世,胡昌翼选择的是继续原来的生活,所以我们说徽文化中的"耕读传家"是最平淡的辉煌。这样又过了好多年,一天,胡昌翼的第五代后人从婺源去南京,经过西递的时候,不禁被这一片青山绿水打动了。其实打动他的,并不仅仅是好风景,而是存在心里的一个理想家园。就这样,胡门一族从婺源迁到了西递,并在西递生根发芽,然后枝繁叶茂。

【延伸阅读】

继祖宗一脉真传克勤克俭,教子孙两行正路惟读惟耕。

世间善事忠和孝,天下良谋读与耕。

守家二字勤与俭,传家二字读与耕。

【原文】

凛遗绪于前人克勤克俭,善贻训于后嗣学礼学诗。

【译注】

凛(lǐn):严肃、严正有威势。 遗绪:前人留下来的功业。要带着敬畏之心铭记先人勤劳和节俭创造的功业。

善贻训于后嗣学礼学诗:"善",好好地,善待;"贻训",先人留下的训诫;"后嗣",后代子孙;"学礼学诗",古人认为诗以言志,礼以立身。

以敬畏之心铭记先人节俭和勤劳所创造的基业,珍惜先人留下的训诫,并要求子孙后代学习诗书礼仪。

辑自徽州楹联。

【感悟】

南怀瑾先生说,中国古代的诗,包罗万象,研究了诗,知识自然就会渊博,能多了解各种知识,例如对生物界的禽鱼鸟兽之名多所认识,乃至对科学性的植物、动物,各种知识都能了解而博物。所以,不学诗,一个人就不会说话,或者没有说话的资格。礼是文化的基本精神,所以,不学礼,无以立,不学礼,就不会、不能做人。

钱穆先生言,礼教恭俭庄敬,此乃立身之本。有礼则安,无礼则危。

一个人学了诗、学了礼,就文质彬彬了,可为君子了。这观点在今天仍可借鉴。学透了诗,自然事理通达,心气平和,能够如此,则言之有情,言之有理,言之有物;不学礼、不懂礼的人,只有言教、没有身教的人,最终也无法以德服人,无法经得起时间的考验而被淘汰。

【延伸阅读】

陈亢问伯鱼:"你在老师那里听到过什么特别的教诲吗?"伯鱼回答说:"没有呀。有一次他独自站在堂上,我快步从庭里走过,他说:'学《诗》了吗?'我回答说:'没有。'他说:'不学诗,就不懂得怎么说话。'我回去就学《诗》。又有一天,他又独自站在堂上,我快步从庭里走过,他说:'学礼了吗?'我回答说:'没有.'他说:'不学礼就不懂得怎样立身.'我回去就学礼。我就听到过这两件事。"陈亢回去高兴地说:"我提一个问题,得到三方面的收获,听了关于《诗》的道理,听了关于礼的道理,又听了君子不偏爱自己儿子的道理。"

【原文】

> 勤俭治家之本,和顺齐家之本,谨慎保家之本,诗书起家之本,忠孝传家之本。

【译注】

勤劳节俭是治理家庭的根本,族人和睦相处、齐心协力是管好家族事务的根本,细心谨慎是保持家族平安兴旺的根本,读书学习是兴家立业的根本,勇于承担责任、对长辈孝顺是家族长久传承的根本。

辑自西递堂训。

【感悟】

忠是担当责任,孝是回报恩情。这个责任,不仅仅是对国家的责任,还包括对理想的责任、对情感的责任、对工作的责任、对操守的责任;这个恩情,不仅仅是父母给的恩情,还有长辈给的恩情、父老给的恩情、祖先给的恩情、社会给的恩情。

当代,勤俭节约蕴涵一种新的哲学思维,倡导一种适度、合理的生存方式和发展状态;勤俭节约是一种生活理念指导下的生活方式。

孝心难以等待,忠心不能打折。善孝当先,从孝做起,从感恩父母做起。尽孝事亲须及早,莫等追忆泪空流。

【故事链接】

徽州婺源山区流传一个故事,说一个叫吴成的商人一生勤俭持家,日子过得无忧无虑,十分美满。临终前,吴成把一块写有"勤俭"两字的横匾交给两个儿子,告诫他们说:"你们要想一辈子不受饥挨饿,就一定要照这两个字去做。"后来,兄弟俩分家时,将匾一锯两半,老大分得了一个"勤"字,老二分得一个"俭"字。老大把"勤"字恭恭敬敬高悬家中,每天勤奋工作,家庭富裕。然而他的妻子过日子却大手大脚,孩子们常常将白白的馍馍吃了两口就扔掉,久而久之,家里就没有一点余粮。老二自从分得半块匾后,也把"俭"字当作"神谕"供放中堂,却把"勤"字忘到九霄云外。他疏于农事,又不肯精耕细作,每年所收获的粮食不多。尽管一家几口节衣缩食、省吃俭用,竟难以为继。这一年遇上大旱,老大、老二家中都早已空空如也。他俩情急之下扯下字匾,将"勤"、"俭"俩字踩碎在地。这时候,突然有纸条从窗外飞进屋内,兄弟两连忙拾起一看,上面写道:"只勤不俭,好比端个没底的碗,总也盛不满!""只俭不勤,坐吃山空,一定要受穷挨饿!"兄弟俩恍然大悟,"勤"、"俭"两字原来不能分家,相辅相成,缺一不可。吸取教训以后,他俩将"勤俭持家"四个字贴在自家门上,提醒自己,告诫儿女,身体力行,此后日子过的一天比一天好。

【延伸阅读】

在"家齐而后国治"的家国同构的徽州古代社会,人们一直重视家庭、家族的提升和发展,形成了所谓世代相传的"世家"、"望族",也就是政治、经济和军事上的世家大族。除了血缘关系以外,文化学术的传承成为维系世家延续和发展的一个重要纽带,形成了特有的以家学渊源或家学传承为特征的文化世家。

古代中国形成的耕读文化,其赖以生存和发展的基础是小农经济和科举制度。传统中国社会是一个以有知识、有文化的士大夫为中心的"四民"社会,在士、农、工、商四大阶级的等级分层中,士大夫阶级是社会的中心。通过科举制度从社会中选拔精英,保证了等级间的有序流动,也维持了社会秩序的整合和稳定。士大夫阶级是国家和社会相互联系的中枢和纽带。他们在朝为官,在野为绅,在乡为地主,是道统和政统的统一。

【原文】

> 天下之事,莫不以勤而兴,以怠而废。

【译注】

天下的事情,没有不是因勤奋努力而兴旺,因松懈懒惰而衰败的。

本句辑自婺源《武口王氏统宗世谱·宗规》。

【感悟】

勤学。人非生而知之,孰能无惑?惑而不学,其为惑也,终不解矣。勤于学习,便能像走不快的人有了一匹马,不善游泳的人有了一条船。这种事半功倍的效果,也只有勤于学习才能达到。勤学必须善于积累、持之以恒、专心致志,要活到老学到老,学不可以已。若勤学,则所学范围内的难事将不再让你为难。

勤思。学而不思则罔,思而不学则殆。有学必要思,勤学是死方法,勤学加勤思才更有生命力。常骑马的人懂得了骑术,使马在狼群中也不会慌张得弃人奔逃;常行船的人摸索出御船之法,使船在风浪里也不会漏水翻船。这些跟"学"加上"思"是一个样。勤思必须善于观察、勇于提问,时时做有条理的总结。若勤思,则所思而知的范围内的难事,将不再使你为难。

勤试。学再多,思再勤,如果不运用,终究是一场空。知晓方法是一回事,而照方法做就是另一回事了。如果不去试一试,又怎知方法是对是错?怎能体会方法带来的好处?

勤学、勤思加勤试,三勤合一,则天下无难事!

【故事链接】

大多数徽商都是从小本起家,不畏艰难,克服了种种不利因素,经过了一番奋斗拼搏,最后才建立了自己的基业,成为富商大贾。致富思源,他们大多数人特别珍惜得来不易的财富。因此,他们虽然致富,但日常生活仍旧保持艰苦朴素的作风。不仅如此,他们还以艰苦朴素的勤俭精神教育子孙。在12岁那一年,胡雪岩开始了别样的人生。早年丧父让他承担了养家糊口的重任,胡雪岩经亲戚推荐,前往杭州于姓的信和钱庄当学徒。从扫地、倒夜壶等杂役做起,3年后因为勤劳、脚踏实地,博得庄主的赏识,成为正式的伙计,16岁时升为跑街。

【原文】

士农工商，所业虽别，是皆本职。惰则职惰，勤则职修。

【译注】

士农工商虽然所从事的职业不同，但都是本职工作。如果懈怠懒惰，工作就会没有进展；如果勤奋努力，事业就会蒸蒸日上。

本句辑自《休宁宣仁王氏族谱·宗规》。

【感悟】

职业无贵贱，实干见高低。

勤则兴，惰则败。

天下百病，生于懒也。

每个人都想有一个成功的未来，而

成功是一种态度、一种习惯、一种坚持。

走自己的路，圆心中的梦，成败在于有无决心、恒心和信心。

【故事链接】

尊儒重仕、重农抑商是中国封建社会的基本国策，到明清时期依然如此。如明朝初年，朱元璋就曾下令：农民之家，许穿绸衫绢布；商贾之家，只许穿布。农民之家即使有一人为商贾者，亦不许穿绸衫。这一规定后来虽然有所突破，但抑商政策仍然没有改变。清朝的雍正皇帝就曾明确指出：四民以士为长，农次之，工商其下。明清时期，徽州地区的人地矛盾异常突出，出现了严重的生存危机。山多地少、土地贫瘠的徽州此时已不能养活因社会稳定而日益增加的人口。于是，经营商业、向外扩张就成了徽州人求得生存与发展的唯一选择。但在抑商政策的长期影响下，商贱、商轻的传统价值观念在人们的头脑中根深蒂固，从事商业经营被认为是市井小人之事，为人所不屑。这种商贱、商轻的传统价值观念，给徽州人从商带来了无形的心理压力，使他们内心深处有一种强烈的自卑感。如徽商汪才生就告诫儿子要奋发业儒，"毋效贾竖子为也"。竟然在儿子面前自贬为"贾竖子"，可见其自卑感是何等的强烈。自卑感成为徽州人从商道路上的巨大思想障碍。经商是徽州人在客观环境中的生存选择，"学而优则仕"则是社会的最高价值取向。如何平衡徽州人的生存选择与社会的传统价值取向之间的矛盾,消除徽州人从商的心理压力和思想障碍,为徽州人的生存与发展开拓出一片较为宽松的心理空间呢?摆在徽州人面前的唯一办法就是建立自己新的价值观以对抗传统的价值观,并通过宣传和教育使新的价值观成为群体成员行为方式的心理依据和追求目标。

【延伸阅读】

徽州处于万山丛中,四面险阻,是一避难的安全地。北方士族自东汉起不断迁入,西晋末年永嘉之乱和唐末黄巢起义期间迁入者尤多,经过长期地与当地越人融合而形成徽州人。徽州人对传统的价值观进行变通和调和,提出了"士商异术而同志"以及"良贾何负闳儒"的思想。徽州人认为,儒和贾虽分属不同的行业,但都是人生的有为之途。业儒入仕固然可以光大门楣,光宗耀祖;而从商创业亦可立身扬名,大振其家声。所以业儒和从贾不存在职业上的贵贱之分,两者均系志向一致。儒者讲究的是道德规范。如果贾者能"贾名而儒行",按儒家的道德规范行事,把儒家思想贯彻到商业经营当中,那么"贾何负于儒"!因此,"良贾"和"闳儒",从道德的角度来看,也不存在高下之别。"贾为厚利,儒为名高",贾、儒迭相为用,意味着"商"已置于"农工"之上而与"士"并列。这一"新四民观"和"以营商为第一生业"的习俗,是该地区的特定环境以及明代新儒影响下的文化因素等合力作用下出现的。因此贾而好儒、弃儒从贾成为徽商的一个特色。这种新的商业价值观和职业观的宣传和践履,是明清徽州商业社会形成的思想基础。

【原文】

> 财者难聚而易散,吾宗子弟当崇俭。

【译注】

金钱财富集聚比较困难而花费掉很容易,所以我们宗族的年轻后辈应当崇尚节俭。

辑自《华阳邵氏宗谱·家规》。

【感悟】

聚财容易守财难。

君子爱财，取之有道。

疏财仗义，侠骨柔肠。

【故事链接】

家居务俭啬，是徽州的传统美德，勤、俭在徽州蔚然成风。据康熙《徽州府志》记载："家居也，为俭啬而务蓄积。贫者日再食，富者三食，食唯稠粥。客至不为黍，家不畜乘马，不畜鹅鹜……女人犹称能俭，居乡者数月不沾鱼肉，日挫针治缝纫绽。"徽州妇女为其家人外出经商筹措原始资本和启动基金。在商业行为发生前，商业经营者必须掌握一定量的资本金，才能完成商业流通，获得收益。因此，原始资本和启动资金是制约商业活动的重要因素。为了使家人能够外出经商，徽州妇女不惜献出自己的嫁妆。如吴烈夫"挟妻奁以服贾"（《丰南志》）；休宁汪子通的妻子金氏"妆资故饶"，悉助汪子通经商（《汪氏支谱》）。嫁妆不够，更脱下簪珥等首饰作为商资。歙县许东井的妻子王氏"脱簪珥服麻枲以为资斧，俾东井公仗剑东游姑孰间"经商（《许氏世谱》）。徽州妇女这种忘我的贡献，使其家族的商业经营活动步上了良性循环的轨道，为家族商业通过积累进入大规模经营奠定了资金基础。

【原文】

不勤不得，不俭不丰。

【译注】

不勤劳就不会有收获，不勤俭就不会积累丰厚的家产。

辑自徽州楹联。

【感悟】

勤俭乃积财之本。

你可以不聪明，但不能不勤奋；你

可以不优秀,但不能不执着;你可以不 出众,但不能不踏实。

【故事链接】

明朝建立初期,徽州地区历经元末农民战争,人民贫困,民众无力从事奢侈性消费活动,加上明太祖特重教化,各地士大夫积极教育民众从事节俭,这个时期的徽州出现了道学家心中理想的"贵贱有等,长幼有序"的质朴社会。这个时期纂修的地方志和文献中,描绘了徽州地区的婚礼、丧礼、住宅、服饰等消费节俭质朴。据弘治年间所修的《徽州府志》卷一《风俗》称:"黟则民朴而俭,不事商贾,祁门则土隘,俗尚勤俭,男耕女织,以供衣食,婺源乃文公桑梓之乡,素习诗礼,不尚浮华。"歙县汪道昆(嘉靖二十六年进士),也对家乡徽州的民风淳朴颇为自豪,《太函集》卷七十二《竦塘黄氏义规记》中说:"吾郡列故都三辅间,有司奉德,意唯谨,民俗识俭,务蓄藏。"而在地理位置更为偏僻的婺源县,民生艰难,风俗则更为醇厚。

【延伸阅读】

丰年富裕之时,就要考虑、谋划可能出现的匮乏不足;在安闲逸乐之时,就要提防以后的穷困贫乏。人要"居安思危"、"戒奢以俭",要做到居丰思欠、未雨绸缪。(《晋书·潘岳传》)

【原文】

恪勤在朝夕,言行寡悔尤。

【译注】

恪勤:恭敬勤恳。　悔尤:悔恨。言语上减少过失,行为上减少悔恨。

日常起居恭敬勤勉,言语做事谨慎少犯错误,减少因做错事而后悔。

辑自徽州楹联。

【感悟】

规范自己的言行，不要给自己后悔的机会。否则，在你后悔时，已错过许多美好的事。

多思、多听、多看、谨言、慎行，说话不能恶语伤人，做事不能不计后果，切忌不要给他人带来伤害，这样才能减少自己将来的悔恨。

【延伸阅读】

对于自己不懂的地方多听听别人的意见或建议，自己尽量少说，那么抱怨就少了，自己不懂的方面多去见识，谨慎自己的行为，后悔的事就会少了。说出的抱怨少了、后悔的行为也少了，那么就能从这样的经历中获得成功。也就是说我们要多闻多见、慎言慎行，那么成功就离我们不远了。

【原文】

成家犹如针挑土，败家好似水推沙。

【译注】

维持家庭并兴盛起来就像用针挑土一样需要长期积累，家庭破落就好像水流冲刷沙土一样快速。

形容发家之艰辛，败家之速易。积攒家业犹如细针挑土，困难并且要懂得坚持不懈的努力，是一项长期累积的工作。如果依靠殷实的家业就挥霍无度，必然如大浪淘沙一般很快将家底挥霍一空。

辑自徽州楹联。

【感悟】

"九城之郭起于垒土，千里之行始于足下。"创造一个家庭也是这样，点点滴滴积攒而起，犹如"针挑土"。因此，要倍加呵护。

治家金言

【延伸阅读】

积家犹如针挑土,败家好比水冲沙。

兴家犹如针挑土,败家好似浪淘沙。

【原文】

平居寡欲养身,临大节则达生委命;治家量入为出,做好事则仗义轻财。

【译注】

平日闲居清心寡欲,颐养身心,危急关头则要舍生忘死为之效命;治理家业要量入为出节约用度,救困扶危时要讲究义气不惜以财周济有难之人。

辑自西递厅联。也见于《格言联璧》。

【感悟】

人要穿过名利的关卡,才能安得逸乐,也才能达到高远广阔的境界。

宽以待人,以身作则,才能赢得人心。而能得人心者,便可成就事业。

【故事链接】

商家在营市利人的同时从中获取合理利润,本无可厚非。但如何看待义利关系,是见"利"忘"义",还是"取予有义",则是考衡商家职业道德和商业理性的标尺。明代有一徽商在江苏溧水经商,低息借贷便民,从不从中敲剥。嘉靖二十二年(1543年),谷贱伤民,他平价囤积;次年灾荒,谷价踊贵,他售谷仍"价如往年平",深得百姓信佩。无独有偶,休宁刘淮在嘉湖一带购囤粮谷,一年大灾,有人劝他"乘时获得",他却说:"能让百姓度过灾荒,才是大利"。于是,他将囤聚之粮减价售出,还设粥棚"以食饥民",赢得了一方百姓的赞誉和信任,生意自然也日渐兴隆。以义取利,为义让利,一方面体现了徽商对中国传统伦理原则的恪守,另一方面也反映出徽商对"义"、"利"辩证关系的深刻领悟和具体把握。中国古代思想家墨子说:"与人谋事,先人得之;与人举事,先人成之。""利人者,人亦从而利之。"此亦徽商为人处世之本和经营决策之术。

【延伸阅读】

"治家宜量入为出,临大节当芥视千金;平居须寡欲养身,徇大义则达生委命。"(《朱子格言》):治理家业要节俭、量入为出,在大节面前则要视千金如草芥(不值一钱);平日闲居清心寡欲,颐养身体,临大是大非则要敢于舍生忘死为之效命。

"轻财足以聚人,律己足以服人,量宽足以得人,身先足以率人。"(明陈继儒《小窗幽记·集醒》):仗义疏财能够团结人,严于律己能够使人信服,宽以待人能够得到人心,身先士卒能够领导众人。"聚人"、"服人"、"得人"、"率人",归根到底是得人心,而得人心的前提是"其身正"。

【原文】

> 傥来之物,侈用之是谓暴天,吝用之亦为违天,惟其当而已矣。

【译注】

傥(tǎng)来:偶然、意外得来的。

非分所得来的钱物,浪费使用也是糟蹋东西,而对当用不用的财物也违背自然规律,所以只有适当的处置才是适宜的。

辑自徽州家训。

【感悟】

在经济效益上,能够获得实利而不多浪费钱财;在消费上,能够施惠于人而自己却无所耗费。

培养敬业、自重的精神,其中最重

要的是崇奉勤、俭以及诚、信、义的传统信条。这些信条可以克制人的自然性的欲望,使人回到理性的状态中来。因此,其成为徽商经商的要诀。

【故事链接】

明代嘉靖万历年间,歙县许世积曾和一个米商一道做贩米生意,一年下来,利润很可观,可是许世积却坚决不再和这个人合作了。有人对此不解,许世积解释说:"这个同行大斗进小斗出,在买卖中喜欢搞点诡诈手段,用这种办法赚钱谋利,即使发大财也并非我所愿。"许世积开当铺,总是规矩经营,有急需者愿多出利钱做交易,他却说"我只要既定的2分利息就足够了",从来不乘人之危得利。在经商过程中,有人欠了许世积的钱反而恶人先告状反控到官府,官府审清了案子,罚此人双倍赔偿,许世积却觉得清白已还,钱财就不再追究了,来了个"义让"。而其夫人则更为大度,看到对方家里生活穷困,还私下让人给他家里送了点粮食。

【延伸阅读】

今天,我们在扩大内需的同时,一定要清醒地把握好度,不能让消费突破生态容量的底线。在任何一个国家,适度消费就是一种美德,就是为这个国家的经济发展和金融事业做贡献。适度消费,利国利己,本身就是一种双赢。在一次记者会上,很多人问萧万长(台湾中华经济研究院董事长、两岸共同市场基金会董事长)全球经济何时复苏?他回答说"说不好",但却语带轻松地提醒民众:"平常时期,节俭是美德;非常时期,消费是功德!"

【原文】

> 须把勤来补拙,莫将懒去学愚。

【译注】

可以用勤奋来弥补自己的欠缺,而不应该懒惰从而成为愚笨之人。

辑自徽州楹联。

【感悟】

人有勤懒之别,但无聪愚之分。　　　份才。

勤能补拙是良训,一份辛苦一

【故事链接】

徽商一般都是艰苦创业,不少人从学徒做起,逐步发展而至独立商号,自己创业,深知创业之不易,许多情况下事必躬亲,毫不偷懒。不辞劳苦、虽富犹朴的勤俭精神深入徽商的骨髓。翻开明清小说,常常见到关于徽商的描写。如在《三刻拍案惊奇》中就讽刺一个在杭州的徽商吴某,"家中颇有数千家事","肉却不买四两","只是吃些清汤不见米的稀粥"。甚至在明清笑话中也把徽商作为嘲笑对象,明浮白主人《笑林》中写道:"徽人多吝,有客苏州者,制盐豆置瓶中,而以箸下取,每顿自限不过数粒。或谓之曰:'令郎在某处大阔。'其人大怒,倾瓶中豆一掬,尽纳之口,嚷曰:'我也败些家当罢'。"这实际上正反映了徽商虽富犹朴的勤俭精神。

【延伸阅读】

勤奋是治疗愚蠢的最好的良药,也是造就天才人物的途径。古往今来多少成功人士经过刻苦勤奋、上下求索,最终获得甜蜜硕果。

【原文】

东奔西走创业多因手脚勤,海阔天空守成唯赖功夫深。

【译注】

要获得创业成功就要手脚勤快,到处奔波;创业成功了进入新的境界,但守成是更加艰巨的工作,需要磨砺功夫。

辑自徽州楹联。

治家金言

【感悟】

其实,创业和守业不是前后关系,不是并列关系,而是包含与被包含的关系。创业是永恒的,守业是相对的;守业是创业的另一种表现形式,一切守业都是创业的子集。这世界只有"创业态",没有"守业态",创业是唯一的"长生不老"药。当你不再创业而妄想"守业"的时候,前面的路只剩下一条:萎缩、衰落、死亡。做企业,永远需要动,永远需要激情,永远需要创造、创造、再创造! 一句话:永远需要处在"创业态"。

【故事链接】

徽州商人自小接受教育,相比于其他商帮要优秀得多,因此能够在张弛万变、风云诡谲的商界权衡利弊,击败竞争对手。明正德嘉靖年间歙县程澧出吴会、尽松江、走淮扬、抵幽蓟,"万货之情可得而观",他虽"坐而策之",40 年后却"加故业数倍"就是一个典型事例。所以《江南通志》说徽州商人"善识低昂时取予","以故贾之所入,视旁郡倍厚"。

【延伸阅读】

读书好营商好效好便好,创业难守业难知难不难。读书是好的出路,经商也是好的出路,只要你学好了、做好了,那便是好。创业很难,守业也难,但是只要你知道这很难但却尽自己的努力把它做好,也就不难了。

【原文】

勤耘慧命用率真处世,深耕福田以忠厚传家。

【译注】

慧命:佛教以智慧为法身的寿命,智慧夭,则法身亡,故云慧命。 福田:佛教以为供养布施,行善修德,能受福报,犹如播种田亩,有秋收之利。

智慧人生需要勤奋操持,以直率真诚待人接物,应付世情。行善修德,拥有忠实厚道的品德,家族才能经久不衰。

辑自徽州楹联。

【感悟】

处世的最高境界并不复杂，是率真，既潇洒自由地活出真我，也不违背别人、伤害别人。率真的人看似古怪，实则可贵——他们在享受简单、享受真我，整个儿地享受生命，他们的生命像秋日的晴空那样明朗透彻，像高原上的白杨一样挺拔舒展，充满美感和神韵。率真需要勇气，更需要智慧。一个人如果能达到率真，可以说是最理想的境界了。

【故事链接】

传家有道惟存厚，处世无奇但率真。胡雪岩故居的楹联（杭州胡庆馀堂）。生于清道光三年（1823年）的胡雪岩，"家素贫，年弱冠，入钱肆习贾事，以诚谨闻"。在钱庄当学徒出身的他，办事勤快，能言善道。后经营生丝、茶叶，开办典当铺，开设阜康钱庄，创办胡庆馀堂国药号。他还经营粮食、房地产，甚至进出口军火。他为人忠厚，人情通达，眼光敏锐，手腕圆滑，富有人情味和豪侠气。

【延伸阅读】

率真和天真不同，天真属于童年，率真属于成年；天真连着幼稚，率真则是聪明至极，返璞归真。大多数人为了利益，有意使自己更复杂，在人海中竭力修炼得八面玲珑；而智慧超凡的人，看透了野心的无益、表演的无聊，转身往回走，走向自己的心灵，追求心灵的自由。他们看明白了人生，于是不再屑于拐弯抹角。

【原文】

创业固难我祖父克勤克俭，守成匪易尔子孙其慎其谦。

【译注】

创业本来就艰难，所以我们祖辈一直保持勤劳、节俭的传

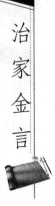
统，守住祖辈传下的家业也不容易，所以儿孙辈的既要谨慎又要谦逊处事。

辑自昆山千灯镇明代徽商余氏家族主厅的一副对联。（这是余家的祖训，用来告诫子孙后代创业难、守业更难，也从一个方面展现了徽商所走过的坎坷之路。）

【感悟】

古镇千灯典当有个"立三堂"，指的就是"立德、立信、立义"，这是余家做生意的宗旨，也是徽商共同的宗旨。作为中国商人中的佼佼者，徽商很早就远贾异乡。到了明清之际，更显示出整体的力量。他们的足迹不仅遍及大江南北、山陬海隅、孤村僻壤，还远涉重洋，去往日本和东南亚各地。除了经营传统的茶、竹、木、瓷土、生漆和徽墨、歙砚、澄心堂纸、汪伯立笔等"文房四宝"以外，他们还经营盐业、典当、布业和海外贸易等诸多行当。歙县的盐商、休宁的典当商、婺源的木商、祁门的茶商等，在漫长的岁月中确立了自己的品牌，以鲜明的个性特征而闻名海内外。徽商做的买卖相当多，但民间习俗中有两样东西是忌讳的——一是茴香，二是萝卜干。因为茴香的谐音是"回乡"，萝卜意味着"落泊"。所以，一直到如今，徽州仍流传着这样一句谚语——"徽州商人心里慌，怕卖茴香萝卜干。"

【故事链接】

明代婺源李魁，在未发迹之前，因为家计贫寒曾经仰天呼叫："大丈夫难道真的要为有个上千两的钱财而犯难吗？"经商是贱行，大丈夫不屑为之，但也不能永远贫贱呀！于是，他和祖母商量，想筹措点经商本钱，却一点都筹措不出来。他想了一想，家里只剩下了卧室一间，就将它出卖给族人，得到10两银子。他就带着这点银子前往南京营商，一点点地积攒，不惮烦劳，终于有了积余，也终于能够买田宅了。成化年间的歙县江才也是如此。父亲在他3岁时就去世了，家境不好，他跟随着哥哥做点小本生意。他经常感叹：我想耕田，家乡田少，若是碰上灾荒更不可为，务农是不行了。我想经商，家里底子薄，没有资本，经商也不成！他的妻子郑氏从容地劝他：乡人十个有九个都去经商了，你怎么能因为家里底子薄就不去经商呢？于是，她用自己的衣饰资助江才经商。几年后，江才就致富"饶益"。

【延伸阅读】

出生于千灯的思想家、学者顾炎武先生,在《肇域志·徽州府》中有这样的一段描述:"新都(新安),勤俭甲天下,故富亦甲天下。贾人娶妇数月,则出外或数十年,至有父子邂逅而不相识者。大贾辄数十万,则有副手而助耳目者数人。其人皆铢两不私,故能以身得幸于大贾而无疑。他日计子母息,大羡,副者始分身而自为贾。故大贾非一人一手足之力也……走长途而赴京试,芒鞋跣足,以一伞自携,而吝舆马之费,问之则皆千万金家也。徽人四民咸朴茂,其起家以资雄闾里,非数十百万称富也,有自来矣。"经世致用,是顾炎武做学问的要旨。他的著作中不仅有大量关于发展经济的论述,自己也颇具经商意识和经营才能。所以对于徽商的描述,是形象而准确的。顾炎武认为,徽商发达的原因主要有这么几个方面:徽州人历来有经商的传统,成年男子结婚不久就外出经商,有的人几十年都不回去。徽州人很团结,一个大商人能得到许多同乡的帮助,在互相帮助的过程中,同乡们也学到了经商的本领。徽州人还很崇尚节俭,不奢华。这无疑是非同一般的。

【原文】

财若傥来难久享,力能自食岂终贫。

【译注】

意外得来的金钱和财富是难以长久享受的,如能自食其力怎么可能一生贫穷。

《庄子·缮性》:"物之傥来,寄者也。寄之,其来不可圉,其去不可止。"成玄英疏:"傥者,意外忽来者耳。"傥来物不仅指金钱与物质,也还包括荣华富贵与高官轩冕等,如《新唐书·纪王慎传》:"况荣宠贵盛,傥来物也,可恃以凌人乎?"

辑自徽州楹联。

【感悟】

老百姓将"物"定义为"身外之物",说它"生不带来,死不带去",正与庄子的"傥来物"有异曲同工之妙。说不定老百姓的说法正是由庄子之说引申而来的。

【延伸阅读】

强取不如节用。(明章懋)

一人知俭一家富。(五代谭峭)

人生莫惧少年贫。(清曾国藩)

克勤于邦,克俭于家。(春秋孔子)

用之亡度,物力必屈。(汉贾谊)

人生在勤,不索何获?(汉张衡)

侈而无节,则不可赡。(汉班固)

侈恶之大,俭为共德。(三国曹操)

家有敝帚,享之千金。(三国曹丕)

俭开福源,奢起贫兆。(北朝魏收)

力能胜贫,勤能避祸。(北魏贾思勰)

居安思危,戒奢以俭。(唐魏徵)

奢侈之费,甚于天灾。(唐房玄龄)

居丰行俭,在富能贫。(唐房玄龄)

虽富巨万,服食粗弊。(唐玄奘)

仁以厚下,俭以足用。(宋司马光)

金玉非宝,节俭乃宝。(明朱元璋)

天下百病,生于懒也。(清曾国藩)

民生在勤,勤则不匮。(清宋绚)

德为人本,勤是家基。(《对联集锦》)

惰而侈则贫,力而俭则富。(春秋管仲)

强本而节用,则天不能贫。(战国荀况)

由俭入奢易,由奢入俭难。(宋司马光)

以耕读为本,以勤俭为德。(明施耐庵)

家贫不是贫,路贫贫杀人。(清吴敬梓)

不忧一家寒,所忧四海饥。(清魏源)

宁吃少来苦,不受老来贫。(《治家格言》)

不戚戚于贫贱,不汲汲于富贵。(唐杜甫)

宁可清贫自乐,不可浊富多忧。(宋释道远)

忧劳可以兴业,逸豫可以亡身。(宋欧阳修)

常思粮米不易,恒念物财难艰。(《对联集锦》)

炎夏溽暑不作劳,隆冬腊月要挨饿。(汉桓宽)

奢者狼藉俭者安,一凶一吉在眼前。(唐白居易)

数十金拮据而成,数千金零星而尽。(清朱舜水)

众人皆以奢糜为荣,吾心独以俭素为荣。(宋司马光)

少不勤苦,老必艰辛;少能服老,老必安逸。(宋林逋)

侈不可极,奢不可穷;极则有祸,穷则有凶。(宋邵雍)

造物之心,以贫试士;贫而能安,斯为君子。(元许名奎)

俭,德之共也;侈,恶之大也。(春秋左丘明)

不节,则虽盈必竭;能节,则虽虚必盈。(唐贾贽)

俭约,所以彰其美也。(宋司马光)

生之有时而用之亡度,则物力必屈。(宋司马光)

勤与俭,治生之道也,不勤则寡入,不俭则妄费。(宋朱熹)

天下之事,常成于勤俭而败于奢靡。(宋陆游)

一粥一饭,当思来之不易;半丝半缕,恒念物力维艰。(明朱川纯)

富贵足以愚人,而贫贱足以立志而凌慧。(清郑燮)

若要小儿安,常带三分饥和寒。(清梁同书)

勤则兴,懒则败,一字之理。(清曾国藩)

身之不俭,断不能范家;家之不俭,必至于累身。(清贺长龄)

【原文】

行道有福能勤有继,居安思危在约思纯。

【译注】

依道而行才能有福,勤劳并坚持不懈才能有发展;处穷困之境而思想纯正不移,安定时要有忧患意识,在困难时刻要瞻望未来,想到美好前景。

辑自徽州楹联。

【感悟】

《左传》有"居利思义,在约思纯"的名言,意思是说,占有财利时要想着是否符合"义",处于贫困时要想着保持自己的清白操守。社会上人际间常会有正不容邪,邪复妒正现象,我们只要做到源洁形端,自然会流清、影直。人唯患无志,有志无有不成者。

【延伸阅读】

《左传》有一句话:"居安思危,思则有备,有备无患。"2011年,在中国作家第八次全国代表大会的小组讨论会上,作家陆天明说,站在庄严的人民大会堂高唱国歌的瞬间,忽然全身一阵惊悚,感到"中华民族到了最危险的时候"说的不仅是历史,也是现实,特别是我们眼下所面临的残酷的精神现实,说"中华民族精神到了最危险的时候",并非危言耸听。如何评价当下的精神状态,如何看待国民真实普遍的思想道德状况,是一个大问题。政治家、思想家、伦理学者、普通民众、弱势群体……各有各的看法;历史的维度、现实的观照、发展的观点、辩证的审视、学理的析说、直觉的把握,都不失为一种观察的角度。诸种不同可能造成评价的见仁见智,言人人殊,甚至完全相左。但是,评价某种社会状况,也和评价个人一样,多一些盛世危言,多一点居安思危,多一重未雨绸缪,总比简单歌功颂德、盲目自信乐观要好得多、管用得多。对于我们所处的社会环境和道德氛围,多一些冷静的反省、建设性的批判,而少一些无聊、无益、无用的自我陶醉。"中华民族的精神"也许并没有到"最危险的时候",但眼下的状况已足堪忧虑。持此论者,乃是真正深沉的爱国者。

【原文】

积善之家,必有余庆。

【译注】

积德行善之家,恩泽惠及子孙后代。
辑自徽州楹联。

【感悟】

造福乡里、功在国家的人，虽然不一定能及时得到应有的回报，但留下的德泽，必然会恩及子孙，由子孙享受。反之，一个做了很多坏事——损人利己、祸国殃民，尽管他本人没有受到应有的惩罚，但留下来的遗恨，必然会殃及子孙，由子孙来承担。

【故事链接】

龙川胡宗宪尚书府内有一间名曰"从善堂"的客厅。"从善堂"匾额下方一副楹联："名世应五百载，善本有十三行。"耐人寻味。一个好的"名声"，不是一朝一夕、做一两件善事就能得到。必须（应该）要几代人、几十代人，延续四五百年的不断努力，才能得到。下联"善本有十三行"。也就是说，做"善"事的方式、方法很多，不在一时一事。《系辞·下传·第五章》曰："善，不积，不足以成名；恶，不积，不足以灭身。小人，以小善为无益，而弗为也；以小恶为无伤，而弗去也。故，恶积而不可掩，罪大而不可解。《易》曰：'何校灭耳，凶'。"这段话是用来解释卦上九爻的爻辞。后来，被民间简化成："莫因恶小而为之，莫因善小而不为。"

【延伸阅读】

清王永彬《围炉夜话》有："积善之家，必有馀庆；积不善之家，必有馀殃。可知积善以遗子孙，其谋甚远也。贤而多财，则损其志；愚而多财，则益其过。可知积财以遗子孙，其害无穷也。"意思是说：凡是做好事的人家，必然遗留给子孙许多的吉庆；而多行不善的人家，遗留给子孙的只是祸害。由此可知多做好事，为子孙留些后福，才是长远的打算。贤能而有许多金钱，这些金钱容易使人不求上进而耽于享乐；愚笨却有许多金钱，这些金钱只是让人增加更多的过失罢了。由此可知将金钱留给子孙，不论子孙贤或不贤，都是有害无益的。

【原文】

家有常业虽饥不饿，心无偏见既和且平。

治家金言

【译注】

家里有永久的产业，虽遇到饥荒也不会挨饿；以平和心态对待人和事，注意培养自己的品性。

辑自徽州楹联。

【感悟】

孟子有言："若民，则无恒产，因无恒心。"中国古代政治家管仲也说："有恒产，方有恒心。"其意都是指个人有了受法律保障的财产，才能对政府和国家有恒久的信心。这里所说的"恒产"，是一种可以让人获得心理安全感、法律上认可、得到社会承认和保障的私有的物质财产。拥有"恒产"，是公民行使其他社会权利的基础，在某种意义上也是对公民身份的一种确认。"有恒产者有恒心"。恒心者，说到底是信心，是公民对自己的信心、对社会的信心。一个没有恒心的社会必然是缺乏稳定基石的社会。

无论是工作也好、处事也好，都要有一个平和的心态，凡事能知足、善适应，虽身处逆境也要有一个"任由云卷云舒，闲看花开花落"的气度。

【延伸阅读】

作为统治者，必须让百姓拥有稳定的产业和收入，这样百姓才会有稳定不变的思想，从而社会才能稳定，国家才能富强。让百姓拥有稳定的产业和收入，使百姓具有稳定不变、比较平和的思想，从而保持社会稳定，实现国家富强，这样一个治国之道，应该认为是可以超时代的，它对于任何时代、任何国家的治理，都具有普遍意义。同时可以认为，"有恒产者有恒心，无恒产者无恒心"这一思想，也是一个重要命题，具有很强的认识功能和分析功能，可以正确地解释许多重大的社会历史现象。

【原文】

家累千金不如日进分文，良田万顷不如薄技随身。

【译注】

　　家里有钱万贯不如每天都有稳定的收入,有百亩好田比不上掌握一门手艺。

　　家里再有钱,也不如自己有一技之长,自己有能力养活自己。

　　辑自徽州楹联。

【感悟】

　　俗话说"纵有良田万顷,不如薄技在身"。还有俗话说"没有金刚钻,揽不了瓷器活"。现代职场也流行一句话,叫做"千招会不如一招绝"。上述所说的"薄技"、"金刚钻"、"一招绝"等,其实就是我们职业竞争的资本,是我们的核心竞争力。

　　一个人生存的条件,不外乎三:出身、技能、态度。"出身"对大多数人来说已成定数,一旦成形,几乎无法改变。"技能"对大多数人来说,对其安身立命的作用是不言而喻的。任何人要想立足生存,就必须有一技之长,而一个人要想成功、要想致富,也离不开知识与技能的学习。所以不断地"投资"学习,你才会获得雄厚的生存资本。三者之中,"态度"对人的命运起着决定性的作用。积极的态度是人们争取优越生活的唯一法宝,积极的态度可以改变一个人的命运。

【延伸阅读】

　　生活中,聪明与智慧实在是两回事。聪明是一种先天的东西,总令人感到聪明人的光辉,但往往这种表面的光芒并不能令聪明人成功,所以我们经常看到很多被认为聪明的人往往一事无成。而智慧就不同了,有智慧的人未必聪明,如寓言"塞翁失马"中的塞翁、"愚公移山"中的愚公,他们眼里看见的不是即时的利益,而是日后的好处,因为日后的大利,他们肯去吃眼前的苦。这样的人肯定不是聪明人,但他却是一个有智慧的人。美国总统威尔逊小时候比较木讷,镇上很多人都喜欢和他开玩笑,或者戏弄他。一天,他的一个同学一手拿着一美元、一手拿着五美分,问小威尔逊会选择拿哪一个。威尔逊回答:"我要五美分。""哈哈,他放着一美元不要,却要五美分。"同伴们哈哈大笑,四处传说着这个笑话。许多人不信小威尔逊竟有这么傻,纷纷拿钱来试。然而屡试不爽,每次小威尔逊都回答"我要五美分"。整个学校都传遍了这个笑话,每天都有人用同样的方法愚弄他,然后笑呵呵地走开。终于,有一天他的老师忍不住了,当面询问小威尔逊:"难道你连一美元和五美分都分不清大小吗?""我当然知道。可是,我如果要了一美元的话,就没人愿意再来试了,我以后就连五美分也赚不到了。"你看,威尔逊只是不愿把心思放在贪图小利的小聪明上,而只着眼于智慧。生活中,智慧和聪明就像主人和仆人的关系。主人没有仆人的协助不行,会显得非常笨拙狼狈,缺乏效率。但再聪明的仆人还是仆人,他不可能是主人。仆人需要主人的方向,没有主人的仆人,等于失去了用处。因此,我们必须通过实践去把聪明转变成智慧,在智慧的基础上行动,从而能够事半功倍。

学糊涂智慧可以成就大事业,能经受时间考验;聪明只能带来一时的成功,总有机关算尽的时候。当然,聪明不是错,更不是罪,关键是要用好自己的聪明,把聪明转化为智慧。这样,才能为自己的人生锦上添花,而不会让它成为美丽的泡沫。

【原文】

> 好事尽从难处得,成功莫向易中寻。

【译注】

值得称道、于世有益的事都是从艰难处得来的;要想获得成功就不要贪图容易。

辑自徽州楹联。

【感悟】

只要顺着河流走到底,一定能见到大海。如果徘徊在山脚下埋怨山高,永远别想登上顶峰。可见难者自难,易者自易,全在自身志向。清人彭端淑有言:"天下事情有难易乎? 为之,则难者亦易矣;不为,则易者亦难矣。"世上无难事,只要意志坚。意志坚强者,遇着高山,可以劈成平路;遇着旷野,可以栽种树木;遇着沙漠,可以开掘井泉,天大的难事亦可变成易事。闲散难成事。琴弦松弛,弹不出悦耳的声音;生活闲散,点不燃生命的火焰。

【延伸阅读】

分析形势指点别人容易,身临其境并知道如何去做很难;

今朝有酒今朝醉容易,每天调整好自己的心态很难;

撒弥天大谎容易,欺骗自己很难;

握手和拥抱容易,感受对方内心世界很难;

提出问题容易,得到答复很难;

想入非非容易,正确评价自己很难;

在电话簿上占有一席之地容易,在他人心中占有一席之地很难;

伤害一个人容易,修复创伤很难;

制定规则容易,执行落实很难。

【原文】

事要成功须尽力,学无止境在虚心。

【译注】

要获得成功必须全力去做,学业上是没有尽头的,应奋进不息,虚心学习。

辑自徽州楹联。

【感悟】

成功并不仅在于与他人竞争,而是在于自己的尽力而为。只要首先战胜自己,并且全力以赴,就能够获得成功。

人生的乐趣不仅在于目标的到达,更在于尽力而为的攀援之中!你没有办法到达人生的顶峰,人生这座山是没有顶点的。或者,人生这座大山本就是由许多类似西西弗爬过的"小山"组成的,爬过了一山还有另一座更高的山峰等着我们去攀登,永无止境。明智者多留意近处的目标,这样一站一站地往上攀,每一站都有盼头,就会觉得脚下特别有劲,攀援起来也会感到快乐。不要过于看重结果,物极必反,过紧的弦容易断的;看准了的目标,只要尽力去完成,就大可不必太在意能不能实现了。成功是尽力使自己到达更远的目的地。

因此,只要我们付出了艰辛、永不满足地攀登,我们的人生便有了无可挑剔的成功。

【延伸阅读】

　　一个人的成功20%来自于智商,80%来自于努力。事要成功须尽力,学无止境在虚心。成功多在穷苦日,败事每于得意时。失败与成功往往是一步之遥,成功与失败就像是在黑夜与黎明之间,失败者总是在黎明前选择了离开;而成功者凭着正确的理念、沉着的坚持、聪明的头脑,战胜了黎明前的黑暗,迎来了灿烂的艳阳天。创业是需要激情的,有的人看别人成功时很激动,往回走时开始摇动,回到岗位上一动不动。短暂的激情可能会有短暂的成功,只有保持恒久的激情才会有恒久的成功。在一个人没有成功之时,在别人眼里就是个凡人;当他走向成功之时,在别人眼里他就是个伟人。事在人为,成功与失败,一切取决于自己的努力。成功并没有秘诀,只有努力才有可能登上人生的高峰。

【原文】

一家之计在于和,一生之计在于勤。

【译注】

　　一个家庭最重要的是和谐、和睦,一生的作为取决于他是否勤劳。

　　一个人的一生要成功,首先要勤奋努力。

　　辑自徽州家训。

【感悟】

　　只有内心的平和与安定,才有外在的和谐与安宁。生生之道在于和,致和在于通,通则包容,容则和谐。和,包括和谐、和睦、和平、和善、祥和、中和等含义，蕴涵慈爱和同、和以处众、和衷共济、和而常通、政通人和、内和外顺等处世哲学、人生理念和社会理想。"礼之用，和为贵。"人人以礼相待，家家以礼相待，社会以礼相待，人心则可欣然懿美，家庭则可怡然和睦，社会则可井然有序。"和"是一种承认、一种尊重、一种感恩、一种圆融。"和"的基础是和而不同、互相包容、求同存异、共生共长。"和"的途径是以对话求理解，和睦相处；以共识求团结，和衷共济；以包容求和谐，和谐发展。"和"的佳境是各美其美，美人之美，美美与共，天下大同。从心开始，以道相通，以礼相待。

【延伸阅读】

　　人生的成败，是每个人都会关心的问题。人生的成败，往往取决于行事的态度。勤奋，是几乎全世界所有的智者甚至一般人都肯定的不二法门。勤，是世界上每一个民族都会强调的美德。每一位做父母的都会以"勤"来训勉子女，每一位老师也无不以勤德来教导学生，如此相传，历代不替。西谚有云："成功是需要一分天才，更要加上九十九分努力。"20 世纪伟大的科学家爱因斯坦也曾经说："在天才与勤奋之间，我毫不迟疑地选择勤奋，因为她几乎是世界上一切成就的催生婆。"所谓水滴石穿，绳锯木断，只要功夫深，铁杵也能磨成绣花针。可见古今中外，无论上智者、中才者，甚至一般的人，都深切体会到勤德的重要性，所谓"一勤天下无难事"，此语诚非虚言。

【原文】

> 人乐莫嫌居室小，身安何必积金多。

【译注】

　　人如果豁达开朗就不会太在意居室的大小了，身心平和安详又何必在乎财富的多寡呢？

　　辑自徽州楹联。

【感悟】

不妄求,则心安;不妄行,则身安。

身安不如心安,屋宽不如心宽。心安身自安。自信、自强、豁达、宠辱不惊、无所畏惧,这些看起来并不重要的抽象名词,其实是人生中最重要的关键词。心安,是远离烦恼的秘诀,也是每一个快乐的人都具有的精神境界。一个人如果心定如山,不为人世间的俗事所惑,那他必定是一个具有大智慧的得道之士。内心浮躁不安的人则经常为俗事所累、所困。

【延伸阅读】

心安身自安,身安室自宽。

心与身俱安,何事能相干?

谁谓一身小,其安若泰山。

谁谓一室小,宽如天地间。(宋邵雍《心安吟》)

【原文】

惟勤惟俭,是勉是师

【译注】

勉:鼓励,激励。 师:导师,榜样。

把勤劳和俭朴作为榜样,并切记遵守。

辑自徽州楹联。

【感悟】

贫穷和愚笨是困扰人生的两大绳索,但俭以济贫、勤以补拙却是人生奋斗的真谛妙道。人难免有穷困潦倒之时,这并不完全取决于主观努力的程度和才智、本领的大小。动荡不安的时局促使着贫困的加剧;社会的陋习积弊使人空怀壮志、怀才不遇,无力战胜贫困;许许多多的非人为的天灾年荒、旦夕之祸，往往使人顷刻间一贫如洗、流离失所。面对贫困，安贫没有出路，只有抗争，抗争的起点关口是求俭维生。因此，求俭是人类创造性劳动不可剥离的重要生存方式，也是世代弘扬的传统美德。

【故事链接】

徽商将"筋力纤啬"的勤俭行状，勒石堂右，以惊醒后人。有的以勤俭为座右铭，提出"唯勤唯俭，是勉是师"。他们坚信勤与俭是致富之道。顾炎武在《肇域志》中也说："新都勤俭甲天下，故富甲天下。"徽商无论在创业初期还是致富后，他们大都能保持勤俭节约的生活作风。大盐商鲍志道身任扬州盐业总商20年，拥资巨万，可谓富矣。当时扬州奢侈成风，一掷千金，习以为常。然而，鲍志道仍能保持俭朴本色，并教育妻子儿女们亲自洒扫、浆洗、炊饪操持家务。清末民初，休宁首富汪厚庄不仅在县城及屯溪设有万洪、万泰、万隆3家典铺，还在上海开设振大、鸿济、鸿顺等典铺。汪家在上海开设的祥泰布庄，曾名噪申江。传每年上海典铺的盈利是采取购买金条、金砖等运回休宁县。如此富有，汪厚庄却不奢侈浪费，他经常告诫家人："要知家苦"、"不忘本"，不能"吃了白米饭，丢了乞丐棒"。尽管他家里有的是绫罗绸缎、貉獭狐裘，但他平时并不穿戴，只是在应酬宾客和年节时略穿一下，经常一身竹布短打，倒像家里的佣人。他不坐轿也不骑马，常穿一双土布鞋，夹着一把油纸伞，以步当车，凭一双铁脚板奔波在新塘、县城、屯溪之间。他在饮食方面更是节俭，常年青菜、萝卜、腌菜、豆腐汤，很少与鸡鸭鱼肉打交道。

【延伸阅读】

勤劳可以创造财富；节俭可以聚集财富。无论在哪个时代，勤俭总是被看作持家立业的根本、安邦定国的保证。勤俭不是吝啬，也不是守财奴的代名词。

【原文】

居安逸而志在辛勤，处盈余而身甘淡泊。

【译注】

即使处于安逸舒适的环境下也时刻不忘勤劳工作，身处富足环境也要淡泊名利。

辑自徽州楹联。

【感悟】

人性中的大智何其多，但能在淡泊中体悟出真滋味，在寂寞中参悟坦荡，不流于世俗而变化，有所欲有所求，随性而始，随性而终。淡泊中求甚解，寂寞中求坦途，所以淡泊是理性，寂寞是心性，它是人性中的至高境界，唯有透彻者能深刻体会其中深意。生性淡泊的人，是风雅之人，是有着至高境界的人，他不跟风、不附庸雅俗。

淡泊是恬淡寡欲，理性的成熟。甘于淡泊是脱离尘俗参透人生的适情而至，淡泊并不是听天由命消极对待人生，而是适时的时候，让自己能以脱轨的状态，来思考一下路途。

淡泊并非平庸而是随性，不是不思上进，只是低调处理人生事，只是恬淡。恬淡就是以平和的心态去面对人生，以怡性怡情的胸襟去享受生活，花开任其绽，云散任其飘。得意时不忘我，失意时泰然恬淡，以平常心来对待人生的真谛。有欲苦不足，无欲亦无忧，人从出生起就开始被欲望所驾驭，要做到无欲无念。超凡脱俗应该不可能，你可以有欲有念，可以去满足自己，但是不能贪，不管是面对什么样的欲望，只要过了界那就是累己累心。所以淡泊的性情是用理智去思自己所念所求，不被欲望所累。

淡泊是对世间事报以淡定的态度识别和处理，不争，不纠结，不骄躁，保持平常心去面对人和事。"淡中出真味，常中识英奇"。越是生性淡泊的人越能体会平淡中的长久。不争，不以欲让自己错觉，不贪念，不纠结，不纠缠于过多的烦扰和困惑。淡然而不虚妄，从容面对得与失，静心必能修性致，淡泊可少纷争，锦衣丰食不长久，安于本分、淡泊随性才能快活度日。

【故事链接】

徽商致富之后，依然以勤俭自律。在日常生活中，徽州"民尚俭朴，所服不过布素"。饮食更是节俭，"贫者日再食，富者三食。食惟馆粥，客至不为黍，家不畜乘马，不畜鹅鹜"。明代休宁汪材兄弟俩经商在外，常以"居安逸而志在辛勤，处盈余而身甘淡泊"作为座右铭。徽商编的《士商类要·贸易赋》指出："贸易之道，勤俭为先，谨言为本。"这大概是徽商闯荡商海多年的经验总结。婺源李祖记早年业儒，因生活贫困，弃儒就商，从事贩木，凡竹头木屑均舍不得丢弃，收集起来,各当其用,逐渐发家致富。既富,勤俭不减贫困时,每天粗茶淡饭,一件布衣穿了10多年,一双云履只在见客时穿,居室极陋隘,也不新建,资金全部投入营运。

【延伸阅读】

安,莫安于知足;危,莫危于多言;
贵,莫贵于无求;贱,莫贱于多欲;
乐,莫乐于好善;苦,莫苦于多贪;
长,莫长于博识;短,莫短于自恃;
明,莫明于体物;暗,莫暗于昧几。

(《禅理即心理》)

【原文】

俭约可培,浪侈难植。

【译注】

懂得俭省节约的人是可以培养成才的人,有浪费奢侈习性的人是难以培育成才的。

徽州人把俭、侈作为其人是否堪加造就、培植的依据。

辑自徽州民谚。

【感悟】

桀作瑶台,罢民力,殚民财,终至夏亡;纣为鹿台,大三里,高百尺,人台俱焚。于奢靡之风渐盛之今日,节俭似乎已不再被视为美德,在那些富而骄、贵而奢的人的眼里,家境清贫者节俭,被讥之为"穷酸";家境富有者节俭,被讥之为"守财奴";身居官位者节俭,被讥之为"傻帽"……世风如此,令人不禁想起司马光800年前之叹:"古人以俭为美德,今人乃以俭相诟病。嘻,异哉!"

【延伸阅读】

世界的财物都是靠生产劳动所得,劳动改变了人类。但我们也要学会节俭,不能暴殄天物,这样才能细水长流,生活富足。传统文化推崇勤俭,那是一种行为,更是一种品德;贤哲伟人推崇它,那是"一粥一饭,当思来之不易,半丝半缕,恒念物力维艰";现代文明推崇它,那是对有限资源的珍视,对过度消费的抵制。社会要进步,国家要发展,这一切都离不开资源的消耗,但这一切,更离不开人们的勤俭。

【原文】

惟孝惟忠聪听祖考彝训,克勤克俭先知稼穑艰难。

【译注】

聪听:明于听取,明于辨察。《书酒诰》:"聪听祖考之彝训,越小大德,小子惟一。" 祖考:祖先。 彝训:尊长对后辈的教诲、训诫。 克勤克俭:既能勤劳,又能节俭。 稼穑:播种和收获,泛指农业劳动。

谨记忠孝两字,善于听取先人教诲,能够勤劳节俭明白耕种和收获的艰辛。

辑自徽州楹联。

【感悟】

向先人借智慧。智慧是最有魅力而又古老的人生追求,它是人类运用事物、知识和经验解决问题的能力。人要想把握住匆匆而过的岁月,就必须处理好人生的各种问题,就不能没有处世的智慧锦囊。中华上下五千年之久,历代英雄豪杰辈出,文人墨客数不胜数,仅诸子百家之论,我们后人一生也无法完全领会其博大精深。先人的智慧,即使 世之道,实令后人受益无穷。

过了千年,也是无法超越的,其为人处

【延伸阅读】

在古人看来,勤有三益,即可以免饥饿、远淫辟、致寿考(达到长寿);俭有四利,即可养德、养寿、养神、养气。

对为官者来说,保持节俭品格于立德修身至关重要。明徐榜说得好:"凡人贪淫之过,未有不生于奢侈者。"(《宦官日记》)事实确实如此,纵观历代,无论是"以酒丧邦"的商纣王,还是"以色亡国"的周幽王;无论是李斯贪恋富贵落得被腰斩的悲惨结局,还是贪得无厌的和珅彻底"跌倒"完蛋,盖源于一个"奢"字。所以,当官不俭,祸患无穷。清陈宏谋在《从政遗规》一文中告诫官员说:"去一分奢侈,便少一分罪过;省一分经营(指钻营),便多一分道义,慎之哉!""勤"与"俭"经常合用,构成联合词组,但概念不同。勤的本质在于克勤职守,毫不懈怠,而俭的含义一般指简朴节约,不奢侈浪费。两者虽有区别,却联系十分密切。只勤不俭,抑或只俭不勤,犹如车辆少了一只轮子,必有车翻人毁之虞。克勤克俭,如虎添翼,则德业广进;不勤不俭,像病入膏肓,则终将一亡。

【原文】

德从宽处积,福向俭中求。

【译注】

德性要以宽广的胸怀坚持不懈地积累,幸福、福分、福禄则要从俭中求。

辑自徽州楹联。

【感悟】

宽容本身就是一种高贵的品质。 多从宽处待人处事,其实也是给自己在拓宽道路。德无头、福无边,皆不可尽善,所以作者用"积"、"求"来争取。不积不求自然无德少福,既积又求,才可有德获福。但何处圆满?其实这是个过程,更需要内心的感受和世人的点判。

【延伸阅读】

邵逸夫先生说:"宽容是一把健康的钥匙,是一个人修养和为人善良的结晶,是生活幸福的一剂良药。"

【原文】

> 忍为上慎为先修身为本,勤致裕俭致富和气致祥。

【译注】

忍为上:忍字从某种意义上说便是一种宽容,与人方便与己方便,与人为善与己为善。 和气致祥:和睦融洽可带来吉祥。东汉班固《汉书·刘向传》:"和气致祥;乖气致异。"治家之道为勤俭节约,崇尚孝道为修身之本,只有靠勤劳的双手才能致富,只有多做善事,才能善行多福。

处世以谨慎为先修、养德行为本,勤劳致富、节俭使生活宽裕,和所气带来瑞祥。

辑自徽州楹联。

【感悟】

人的缺点是特别容易冲动,在一些不合心意的事发生时,会冲昏头脑地发脾气,做一些愚蠢的事。要避免变成魔鬼就要有一定的忍耐力,忍是古今中外杰出人士的必修之课。消除冲突、促进和平,从哪里做起?首先要从修身下手,化解自己内心的冲突、矛盾、对立。也就是说,我们把自己内心对人、事、物的对立、矛盾、冲突化解,从自己内心去化解,努力去学习。修身,古人教我们

6个字,"言忠信,行笃敬"。这6个字, 一生都不能够违背。

【故事链接】

中国有一句俗语——和气生财,意思是待人和善能招财进宝。做生意讲究和气生财,作为传统商业伦理的精华,千百年来一直为中国人所推崇和遵循。徽州有句广为流传的民谚:"前世不修,生在徽州,十三四岁,往外一丢。"许多著名徽商从小就背井离乡,出外学艺,奋力拼搏。他们重勤俭,重自强自立,重谦让,以营造和谐、和气的经商环境。因此,徽商的客户关系、同行关系、宾东关系、政商关系特别融洽,为自身发展增强了合力,减弱了阻力。

【延伸阅读】

"慎"字之意乃是"真心"。人生在世,唯"真心"二字不可懈怠,人生处世,当以慎为先。譬如下棋,有"一着不慎,满盘皆输"之诫。为人谨慎,办事慎重,有了真心,必然会有细心、耐心、爱心……古训有"八慎"之言,即慎言、慎微、慎暇、慎友、慎欲、慎权、慎独、慎终。唯有"慎"方能使人立于不败之地。

【原文】

忍而和持家根本,勤与俭创业良途。

【译注】

宽容忍让并且家庭和睦是保持家业的根本,勤于劳作而生活俭朴是创立基业的最好途径。

辑自徽州楹联。

【感悟】

勤俭这个词表示持家的原则,尤其 是指对待家庭的收支关系。勤俭,不是小气吝啬，更不是寒酸。一位名人在接受采访时被问到理想中的家是什么样子的，他这样回答："既没有浮华的奢侈品，也不缺少必需品。"一句简单的话语道出了勤俭的含义。

不能以一时的快乐而大喜，也不应以一时的困苦而大悲。有时"退"不是逃避，"忍"也不是畏惧。就像西递村的另一楹联所言："退一步让你立于不败之地，退一步让你安于享乐长寿。"

【故事链接】

徽州可耕土地少，素有"七山半水半分田，两分道路和庄园"之称。正是在这种地少人多、农耕环境恶劣的情况下，造就了一群群"徽骆驼"和"绩溪牛"。这里的"徽骆驼"和"绩溪牛"指的是走出家乡四处经商的徽州商人。以骆驼和牛来形容，一方面说明的是徽商创业的艰辛，另一方面指的是徽商具有忍辱负重、坚忍不拔的精神。这种精神正是徽商创业成功的重要因素之一。出于谋生的需要，徽州人不得不从小背井离乡，外出创业。异地的陌生、商路的艰险，无不从肉体到精神残酷地折磨着他们。但素以"勤于山伐，能寒暑，恶衣食"著称的徽州人，都能肩负父兄、家族生存发展的重负，义无反顾地"离世守之庐墓，别其亲爱之家庭"，"近者岁一视其家，远者不能以三四岁计"。许多人"一贾不利再贾，再贾不利三贾，三贾不利犹未厌焉"。歙县许荆南在荆州贸易，生意亏本自感无脸回家，其子许尚质继承父业，"浮游四方，取什百之利"，前后在四川经营20年，虽家资百万，也"不竞芬华"。正是他们这种开拓进取、矢志不渝、百折不回的勇气和经历，为徽州人树起了不朽的"徽骆驼"纪念碑。

【延伸阅读】

富者能忍保家，贫者能忍免辱，父子能忍慈孝，兄弟能忍义笃，朋友能忍情长，夫妇能忍和睦。

痛到断肠忍得过，苦到舌根吃得消，烦到心乱耐得住，困到绝望行得通，屈到愤极受得了，怒到发指笑得出，急到燃眉定得了，喜到意满沉得住，话到嘴边停得了，色到情迷守得稳，财到眼前看得淡。

【原文】

大富贵义须勤苦得，好儿孙是从阴德来。

【译注】

要想大富大贵就必须通过勤劳刻苦获得,要想让儿孙生活美满就必须多做善事。

辑自徽州楹联。

【感悟】

《易经》有"积善之家,必有馀庆;积不善之家,必有馀殃"、"善不积,不足以成名;恶不积,不足以灭身"。这表明了"为善得福,造恶得祸"的原理。多做好事而不沽名钓誉才是阴德。无论我们做好事或坏事,都会报应在自己和亲属身上的,正是"近在己身,远在儿孙。"

【延伸阅读】

昔人有云,积金遗于子孙,子孙未必能守。积书遗于子孙,子孙未必能读。不如积阴德于冥冥之中,此万世传家之宝训也。

报人之德,不报人之怨。

分人之过,不分人之功。

成人之美,不成人之恶。

隐人之恶,不隐人之善。

我不负人,而任人之负我。

我不谤人,而任人之谤我。

（明管东溟）

【原文】

> 儿孙自有儿孙福,莫为儿孙做马牛。

【译注】

儿孙自有儿孙的路要走,不要为儿孙操心太多,尤其不要事

治家金言

事代劳包办。

老人应该照顾子女，但不要一生为儿孙当牛做马。

辑自徽州民谚。

【感悟】

现在的父母应如何对待儿女才好呢？应该多为他们积德，不要积财，让儿女有开创自己前途的意志、能力，不是要为儿女设立一个高高的目标，然后要求儿女去实现它。也不是要他们这样、要他们那样，强迫他们依照一定的模式成长。"亲而不近，疏而不远"应该作为老年人与儿女和谐相处的一个原则。

【延伸阅读】

出自己的力，流自己的汗，穿自己的衣，吃自己的饭，这才是英雄好汉。（陶行知）

【原文】

读书好营商好效好便好，创业难守成难知难不难。

【译注】

效：有两种解释，一种解释是"效益"，讲求是结果；另一种解释是"学习"，讲求的是过程。因为无论是读书还是经商，其间都有一个目的与方法正确与否的标准，确定了好的目标，掌握了好的方法，即便是暂时没有达到预期效果，也可以说是获得某种意义上的成功。 知：了解，知难是为了掌握解决困难的方法，而决非知难而退。

西递"履福堂"有一副楹联为："几百年人家无非积善，第一等好事只是读书。"这副楹联对先人所称"第一等好事"作了巧妙矫正,把"效益"放在首位,读书营商两好,天地更宽广了。

读书与经商结果好坏取决于是否获得预期的效果,创业与守成都非易事但要明白解决问题方法都不难。

辑自西递笃敬堂楹联。

【感悟】

纵观古今,贪心的商人只知获利越多越好,从而不择手段,最终却失去了更多。明智的商人懂得让利与别人,从事正当经营,获取正当收益,最终获利反而大,而这种"利",不仅是物质上的,而且也是精神上的。徽州人总结说:"人们鄙薄的不是经商,而是鄙薄赚取昧心钱的那些商人,如果经商只赚合理的利润,它就会像读书一样让人看得起。"行行出状元,关键在于成效;世上无易事,必须知难而上。徽商的创新能力源自徽商的注重实践、终生学习、日新月异、以人为本等理念。许多徽商都是从小本经营开始,逐步发展,在经商的实践中学,从实践中知难克难,学实用知识,创实在效益。

【故事链接】

清乾隆年间,西递有个青年书生名叫胡瑞庭。此人饱读诗书,锦心绣口,他的父亲胡秦泰在扬州经营着一个很大的瑞祥木行,专营徽州木材。不知什么原因,父亲经商如鱼得水,儿子却不想做商人,几年书读下来,只觉万般皆下品,唯有读书高,对经商是更加看不起。但胡瑞庭的父亲却没有大多数徽商那样一代经商一代读书做官的思想,他觉得应该像晋商那样,把自己的事业一代代延续下去,那才是件值得骄傲的事情。于是胡瑞庭 17 岁时,被父亲强行带到扬州,学做生意。尽管心中不愿意,但想做孝子的他不愿让父亲伤心,也就顺从了。可胡瑞庭本来就不是块经商的材料,在岁月的推移中,商场毫无成就的他向父亲证明着这个事实。他父亲也渐渐地对其失去了信心,加上生意上的劳累,胡秦泰 50 岁时就去世了,那年胡瑞庭 28 岁。对父亲的死,他总有种说不出的难过。觉得是自己经商无能,不能帮父亲分忧解难,才使父亲英年早逝,他开始更用心地去做生意,希望能以此告慰父亲的在天之灵。但没有经商天赋的他,不论怎样辛苦,生意都在败落。天长日久,他也失去了信心,把生意都交给了老管家胡天赐,自己只是象征性地看看账,闲来无事仍然读他的书、做他的文章。几年后的一个冬天,他在书房内看书,胡天赐进来让他到货仓去看货。每次回家运木材,时间都短,而这次胡天赐却去了很长时间,他便向胡天赐问及缘故,胡天赐也就一五一十地说了出来。原来,这次回到家乡黟县,胡天赐和以前一样让人四处收购木材,集中在一处准备装运,那天小少爷看到胡天赐在清点木材,不解地问:"天赐叔,为什么不把木材锯短运出去,冬天农闲,四乡有很多懂木匠活的人都没事做,让他们把木材做成椅子、桌子的零部件,又方便运输,又能省钱,到了扬州一凑就行了。"开始胡天赐不觉得这办法怎样,只当是孩子信口开河,可晚上一想这小少爷的点子真的很好。"我们把木头运到扬州批给那些小木材商,他们拿去做成家具出售赚钱,我们为什么就不能自己做呢。"于是第二天就决定按照小少爷的话做了。说到这时,胡瑞庭已是雷霆大发了,骂着自己的儿子不务正业,不读书,要做生意。胡天赐也没讲话,就退了出去。这次货物,由于价格低廉,很快就出售完了,给瑞祥木行赚了很大一笔。望着丰厚的利润,胡瑞庭很高兴,这时胡天赐小心地走上前说道:"老爷,有句话不知该讲不该讲?"胡瑞庭点了头,胡天赐大着胆子说:"老爷,你想想看,少爷大概真的是块经商的好材料,他从没接触过木材生意,就能想出这样的高招,真的是很不简单。我在家乡问过老师,说他不是块做学问的料,只会些算术。当年太老爷逼你学做生意,你又逼小少爷读书,小少爷的痛苦不跟你当年一样吗?"这番话,让胡瑞庭陷入了沉思。过了春节,胡瑞庭就把儿子带到扬州来学做生意。

几年后,瑞祥木行在他儿子手上大放光彩。后来胡瑞庭在他60大寿时写下了这副对联,总结着自己的体会和心中的感受。

【延伸阅读】

畏难不知难,临难而退,难者更难;知难不避难,迎难而上,难也不难。追古抚今,历朝历代有多少为政者由于对社会积弊、矛盾问题或醉生梦死、视而不见,或缺计少谋、不能应对,导致问题积重难返、民怨沸腾,统治大厦轰然倒塌;有多少改革者由于对改革难度估计不足,或改革方案考虑不周,不仅没能解决已有问题,反而引起新的更加严重的社会问题和矛盾,令改革无功而返,最终失败。事不避难,知难不难。艰难困苦砥砺民族精神,激发思变意识,锻炼创新能力。

【原文】

快乐每从辛苦得,便宜多自吃亏来。

【译注】

快乐常常是在经历艰辛的努力后得到的，便宜往往来自于多次吃亏后的收获。

原对联在"辛"字上多加一横，"多"字少了一点，"亏"字上多加一点。

辑自西递瑞玉庭楹联

【感悟】

此联内含哲理、寓意深刻，是宣扬经商之道的好联文。"辛"字多了一横，"多"字少了一点却落在亏字上面，启迪我们，多一份辛苦，就能获得多一份快乐，吃小亏能占大便宜，吃亏要吃在点子上。告诫后人做人要勤奋、要厚道。

总想占便宜的人总是最后吃亏的那一个，而不与人争高低，不爱斤斤计较而默默无闻坚韧不拔的人，吃点亏也很豁达，他往往最后是最占便宜的那个人！"与人方便"是"成人达己，成己为人"的捷径，是人生的一种境界。"吃亏就是占便宜"的重点不是"占便宜"，而是对社会、对人人多一点关心、多一些奉献，少一点自私、少一些冷漠，从而让我们的社会更加的温暖和谐。能理解吃亏就是占便宜，是为人处世的一种睿智。

【故事链接】

这副楹联是清末一名叫胡宏方的商人所作的。他12岁时，因家境贫寒，在同乡的携带下到杭州的一个药铺做学徒。学徒的生活很辛苦，鸡鸣则起，烧火做饭，清扫店堂，白天帮着切药、煮药，受老板和大伙计们的差遣，只有闲时，才能坐在一旁，看着别人如何看方、抓药，学着、记着药的名称。对于学徒，老板总会有意无意地在头天晚上放几个铜板在那些不显眼之处，以测验这些学徒对非分之财的处理态度，诚实的学徒大多是把这些失落的铜板捡起来交给老板，但也有些贪小便宜的学徒，自以为神不知鬼不觉，捡起铜板塞进自己的荷包，谁知如此便中了老板设下的圈套，从此不再受到重用，有的甚至很快被老板赶出店门。黟县外出学习经商的学徒大多能通过这一关，胡宏方也一样。他的聪明加上勤劳，使他3年后已能完全掌握药铺的所有工作程序，经过老板的考核，被留了下来。当伙计就有抓药的权利，顾客上门时，有的伙计总是磨磨蹭蹭巴不得少做一点，而胡宏方总是抢着上前看方抓药。胡宏方每天做的事比别人多，别人不做的他都做，看似吃亏，却学到了真本事。一天辛苦下来，但夜晚看到白天抄录的药方，知

治家金言

道什么药治什么病,什么病用什么方子,心里感到特别满足,白天的辛苦也随之消失。有时病家方上的药没有,他便让人到别处抓药。这本是件常事,但老板觉得这样会把生意搞掉,就对胡宏方说,以后可用一些功能相似的药替代,这样的做法也未尝不可。但胡宏方不愿意,他认为,大夫开的每一副药都有其良苦用心,如果擅自改动药方,会不利于病人。老板见他是这种榆木脑袋,很想把他辞了,可推荐胡宏方来当学徒的人的面子很大,老板只好忍着,准备再找一个机会把他踢出门。有天中午,一个佣人打扮的人匆匆跑进药铺,气喘吁吁地叫道:"快给我拿几支山参,病人吊气。"胡宏方连忙拿出几只长白老山参用红布包好,递给那人。那佣人一边收药,一边摸钱,突然大叫起来:"坏了,钱被偷了,等一下来付钱怎样?"胡宏方见那人一脸大汗,很是焦虑的样子就点头答应了,佣人拿了山参转身往回跑。店里管事将这一情况报告了老板,老板气冲冲赶到店堂,上去就给胡宏方一巴掌,接着是一顿臭骂,最后让胡宏方拿钱出来赔偿,并把他赶出了药店。胡宏方被迫流落街头,别的药铺听说他是这种性子的人,也不想用他,无奈中只好去码头做些苦力。半年后的一天,他坐在码头边歇力,一个佣人打扮的人走过来,仔细地看了看他,问道:"你怎么在这里?"胡宏方抬头一看正是那个买山参的佣人,他正准备说什么,又闻佣人说:"老爷,这就是太太那次抢救时,遇到的好心人。"一位气度不凡的人随即走近前来朝他拱拱手,胡宏方连忙答礼,那人很亲切地问及他流落街头的缘故,胡宏方把往事一五一十地说了一遍。那人听了是连连感叹:"先生真是君子,我正准备办一个药材铺,你到我那里干怎样?"胡宏方连忙道谢。这人就是一代徽商胡雪岩,而他要办的药铺便是后来在中药界名气很大的胡庆馀堂。经过十几年的辛苦工作,胡雪岩的胡庆馀堂的名声响遍大江南北,而主事胡宏方亦是异样风光。在他过50大寿时,他的儿子问及父亲人生的体味时,他沉思了片刻写下"快乐每从辛苦得,便宜多自吃亏来"的联文后,又给辛苦的"辛"字、吃亏的"亏"字加了一笔,而便宜多因吃亏来的"多"字减一笔,这一添一减使儿子大惑不解。胡宏方颇有感慨地告诉儿子,他的成就是辛苦、吃亏比别人多一点,而占的便宜比人少一点而得来的。后来他把这副对联挂在西递家中,让后人都要做到。这副有3个错字的对联就这样一直挂了100余年。

【延伸阅读】

从徽商精神中找到有价值的因素,来重塑当下富家子弟的君子人格与人文素养,显得很有必要。君子人格,既要靠外在的道德教育,也要靠主体内在的道德修养,需要内外双修,表里并重;人文素养的提高,需要的是文化底蕴,而徽商精神中的内在因素在重塑一个人的君子人格与人文素养中发挥着重要的作用。深刻领会徽商精神,可以培育富家子弟独立的人格意识、健全的判断能力和价值取向、高尚的趣味和情操、良好的修养和同情心，乃至对个人、家庭、国家、天下有一种责任感，对人类的命运有一种担待。如此，在改革时代的中国，富家子弟才能有所作为，才能真正融入改革的浪潮之中，成为时代真正的"弄潮儿"。

【原文】

> 要从正道取财，不要有发横财的心思；从正路上去走，不做名利两失的傻事。

【译注】

发家致富是通过正常的途径和正确的经商技巧得来的，不要有侥幸获得钱财的心思；通过正当途径经商赚钱，不要违背信义而做既丢了名声又损失财物的蠢事。

赚钱不违背良心，不损害道义，不走邪门歪道，按规矩去赚钱。通过正当的途径，依靠自己的诚实劳动去积累财富。

辑自胡雪岩经商心得。

【感悟】

一个取得了辉煌的成功、几乎懂得所有敛财门道且自诩只知道"铜钱眼里翻跟斗"的商人，把这简简单单的几个字挂在嘴边，常常用它来警醒自己和告诫同行，这本身就值得深思。坚持从正道取财，虽然财富增加的速度要小一些，但因为它是正道，它能历经起时间和历史的考验，能够持久存在而不会像那些从歪道取财的昙花一现一样。这是真正的智慧。

【故事链接】

胡雪岩说的最多的是"君子爱财，取之有道"。这里所说的"道"，正如他所说的"要从正道取财，不要有发横财的心思"。所谓正道，是指赚钱不违背良心，不损害道义，规矩获利。胡雪岩正道取财的内容主要有：要留下余地，为人不可太绝,沿正路上走下去,绝不做名利两失的傻事;做生意要把握分寸,不能见利忘义。胡雪岩与庞二联手销洋庄,本来一切顺利,不想庞二在上海丝行的档手朱福年为了自己"做小货"——拿着东家的钱自己做生意,赚钱归自己,蚀本归东家——中饱私囊。为了制服朱福年,胡雪岩用了一计。他先给朱福年的户头中存入5000两银子并让收款钱庄打个收条,然后让古应春找朱福年,将这5000两银子送给他,就说由于头寸紧张,自己的丝急于脱手,愿意以洋商开价的九五折卖给庞二。换句话说,也就是给朱福年5分的好处,这5000两银子就是"好处费"。这算是胡雪岩与朱福年之间的一桩"秘密交易"。不过,这笔"秘密交易"一定要透给庞二。朱福年收下这5000两银子,也就入了一个陷阱:他如果敢私吞这笔银子,胡雪岩托人将此事透给庞二之后,朱福年必丢饭碗;如果他老老实实将这笔钱归入丝行的账上,有这5000两银子的收据在手,也可以说他借东家的势力"敲竹杠",胡雪岩与庞二本来是联合做洋庄的合作关系,朱福年如此一来,等于是有意坏东家的事,实际是吃里爬外,这样,他也会失去庞二的信任。总之,就用这5000两银子,胡雪岩要让朱福年"猪八戒照镜子——里外不是人"。胡雪岩的计划果然生效,朱福年不仅老实就范,并且还退回了那5000两银子。而此时的古应春也因恨极而"存心不良",另外打了一张收条给他,留下了原来存银时钱庄开出的笔迹原件。古应春把原件捏在手上,是想不管朱福年是不是就范,都要以此为把柄狠狠整一下他。但当古应春将此事告诉胡雪岩时,胡雪岩对古应春说了一番话:"不必这样了。一则庞二很讲交情,必定有句话给我;二则朱福年也知道厉害了,何必敲他的饭碗。我们还是从正路上去走最好。"从胡雪岩的话中,我们可以知道,胡雪岩所说的"正路",有一层能按正常的方式、正当的渠道就不要用歪招、怪招的意思。从某种意义上说,胡雪岩制服朱福年的办法,就是一种诱人落井、推人跳崖的十分阴狠的一招,的确有些歪门邪道的意味。在胡雪岩看来,这种招数只能在万不得已时偶尔为之,一旦转入正常,也就不必如此了。言谈之中可以看出,胡雪岩对于自己不得已制服朱福年的一招,心里是持否定态度的。胡雪岩所谓"做生意从正路上走最好"还有一层意思是指做生意不能违背大原则。什么钱能赚,什么钱不能赚,要分得清楚,不能只顾赚钱而不顾道义。

【延伸阅读】

可以为了钱"去刀头上舔血",但决不在朝廷律令明白规定不能走的道上赚黑心钱。

可以捡便宜赚钱,但决不贪图于别人不利的便宜,决不为了自己赚钱而敲碎别人的饭碗。

可以借助朋友的力量赚钱,但决不为了赚钱去做对不起朋友的事情。

可以寻机取巧,但决不背信弃义靠坑蒙拐骗赚昧心钱。

可以将如何赚钱放在日常所有事务之首,但该散财行善、掷金买乐时也决不吝啬,决不做守财奴。

【原文】

汝宜恪恭尽职,毋躁进,毋营财贿。

【译注】

毋:不要,不可以。　躁进:冒进,轻率前进。此处意指热衷于仕进,急于进取。　营:谋求。　财贿:财货,财物。

告诫你应该勤勉尽责,不要轻率冒进,急于获得功名,更不可急于获得财富。

辑自王茂荫家训。

【感悟】

徽州文化是以徽商艰苦创业的沧桑故事为基调的。而在这些故事背后却是徽州女人那种凄美的奉献精神。可以这样说,在徽州文人辈出的背后,都有伟大女性的身影;在徽州商人成功的背后,都有女人艰苦守望的眼睛。她们用自己的凄苦,换来了子孙的辉煌,换来了徽州文化的灿烂。徽州妇女堪称勤劳朴实、温柔善良、自尊自强的典范。

【故事链接】

王茂荫,歙县杞梓里人,出身于徽州茶商世家,是马克思在《资本论》中提到的唯一一个中国人。王茂荫的币制改革思想,成为马克思在构建思想体系时的思想营养,是中国人的光荣,也是徽州人的荣耀。王茂荫从小丧父,由其歙县杞梓里老家的老祖母方氏一手抚养长大。在王茂荫赴京任户部右侍郎当朝廷理财官时,他的老祖母方氏叮嘱他:"汝宜恪恭尽职,毋躁进,毋营财贿。""不欲汝跻显位,致多金。"交代孙子要做一个忠于职守、清廉勤政的好官。王茂荫坚守儒学"修身齐家治国平天下"的理念。谨记老祖母教诲,"渴不饮盗泉水,热不息恶木荫",只身赴任,寄寓于京师歙县会馆,殚精竭虑为道光、咸丰王朝谋划财经大计,极力推行币制改革,在纸币发行谋划上有思想,直言敢谏,建议朝廷振兴人才、知贤爱才,他反对官职捐纳,主张破格用人,得人而任。王茂荫生活俭朴,继承徽州儒商传统,"悯厄穷,拯危难",遇善举,欣然乐为。对家乡公益总是量力相助。他宽以待人,严以责己,强调"在利害关头,当审之以义"。他告诫后人:我以书籍传子孙,胜过良田百万;我以德名留后人,胜过黄金万镒;自己不要什么,两袖清风足矣。王茂荫的老祖母文化不高,却心存高远,心有国家,是徽州女人的一个代表。"孝道诚信"的理念主要来源于祖母的言行,并深植于王茂荫的心中。

【原文】

积财给子孙,不如积德传后世,为后人做一个好样子。

【译注】

积累财产留给子孙后代,还不如多做善事使后辈受益,以自己的言行给后代树立一个正面的形象。

辑自《程氏家训》。

【感悟】

虽僻处山区,徽州女人却大忠大节,富有社会担当。她们聪慧机敏,有识见,能决断,善谋划,协助丈夫经商闯天下,是巾帼不让须眉的"女中丈夫"。

【故事链接】

在徽州婺源新岭村有一位程姓女子,家里经商,富有。她主持家政总是把帮助别人、支持社会公益作为自己做人的本分,平时捐钱修整、建造了"成美桥"、新岭亭、公岭路等山村道路。程氏在去世之前,她还将家里仅余的1800两银子拿出来,资助无锡和湖州修桥便民。程氏说:"积财给子孙,不如积德传后世,为后人做一个好样子。"

【延伸阅读】

以道德遗留后世的人,子孙会兴盛;以财物遗留给后代的人,子孙会衰败。

【原文】

> 吾欲吾儿为清吏,吾独不为清吏父乎?

【译注】

我希望我的儿子成为廉洁的官吏,而我自己难道不应该成为清官的父亲吗?

辑自徽州《吴氏家训》。

【感悟】

那些"贪一点"和"捞一点"的人, 败露人财两空。发点孝心吧,瞒天过海一时得逞,一朝

【故事链接】

官员的清廉勤政是社会公平正义、实现社会和谐的基本保证,无论什么朝代,政治清平,社会和谐才有指望。历史上的徽商为了和谐理念的践行,对"修身齐家治国平天下"有许多出色的追求,其中对"清廉"也有特别的向往。徽商向往清廉政治、公平正义,对社会的腐败、官员的贪酷深恶痛绝。明嘉靖年间歙县丰南吴一莲是一个"性固长厚,不操市心"的儒商,其子读书入仕时,吴一莲以"宁静"、"淡泊"为训送儿子。儿子任归安(今浙江吴兴)县令,吴一莲就告诫说:归安这个地方山多,"赋役繁兴,小民不堪",要多为百姓着想。此后其子多次调任,吴一莲都有"要体民情,解民困,勤勉政事"之类叮嘱,并表示"儿但毕力于

公,吾自拮据家政",要儿子一心于公务。吴一莲坚决谢绝儿子下属们的各种馈送之礼,他说:"吾欲吾儿为清吏,吾独不为清吏父乎?"

【延伸阅读】

　　父与子,本是一种亲情关系,然而到了已落马的上海市原住房保障和房屋管理局副局长陶校兴那里,却被扭曲成了伙伴关系:老子弄权儿子捞钱,里应外合,狼狈为奸。这位位高权重的父亲,将自己手中的公权延伸到了儿子的手中。为了避人耳目,让儿子充当其受贿的中间人。不但自己堕落,还让孩子一起"下水"。2011 年,这对父子同走上一条"不归路"。

附一:陶朱公商训十二则

　　　　　　一是能识人。知人善恶,账目不负。
　　　　　　二是能接纳。礼文相待,交往者众。
　　　　　　三是能安业。厌故喜新,商贾大病。
　　　　　　四是能整顿。货物整齐,夺人心目。
　　　　　　五是能敏捷。犹豫不决,终归无成。
　　　　　　六是能讨账。勤谨不怠,取行自多。
　　　　　　七是能用人。因才器使,任事有赖。
　　　　　　八是能辩论。坐才有道,阐发愚蒙。
　　　　　　九是能办货。置货不苟,蚀本便经。
　　　　　　十是能知机。售贮随时,可称名哲。
　　　　　　十一是能倡率。躬行必律,亲感自生。
　　　　　　十二是能运数。多寡宽紧,酌中而行。

附二:鸿泰商训

　　　　　　斯商,不以见利为利,以诚为利;
　　　　　　斯业,不以富贵为贵,以和为贵;
　　　　　　斯买,不以压价为价,以衡为价;
　　　　　　斯卖,不以赚赢为赢,以信为赢;
　　　　　　斯货,不以奇货为货,以需为货;
　　　　　　斯财,不以敛财为财,以均为财;
　　　　　　斯诺,不以应答为答,以真为答;
　　　　　　斯贷,不以牟取为贷,以义为贷;
　　　　　　斯典,不以值念为念,以正为念。

耕读传家

【原文】

几百年人家无非积善,第一等好事只是读书。

【译注】

传承几百年的家族积攒的是行善的德行,放在第一位的"好事"是读书、学到了知识。

这是西递履福堂的一副对联。

【感悟】

有句古话叫"富不过三代"。徽州人探讨个中原因,认为许多富人只关注给子孙后辈留下金银财宝,而忽略留下丰富的知识和优秀的道德品质;看出了问题关键是要把好的家风和谋生手段传给后代。而在实践过程中,这种关心别人的美德,如果一代一代传承下去,家族就一定不会"富不过三代"。而读书明礼,则是传承这种美德、掌握正确谋生手段的首要条件。

【故事链接】

西递的这幅"几百年人家无非积善,第一等好事只是读书"的楹联是一位富翁带着悔恨之心写下的。这位富商叫胡来富,当初只是个卖豆腐的,后来不知怎么就暴富了起来。据说他是挖到了一个大徽商埋在地下的银窖。不管怎样,胡来富富了。他建房买地,出手阔绰,气势十足,虽说他的银子来路可疑,但聚族而居的西递村"各人自扫门前雪"的心理使得乡亲们对他也如以往一般。可人有了钱,心态就不一样了,胡来富觉得同乡人的客气全是因为他有了钱的缘故,架子就更大了。别看胡来富有钱,可硬是一个"拨一毛而利天下不为也"的人,村里一些穷苦人从来得不到他的接济,社会上要办些公益事也休想让他拿出一分钱来。

胡来富只有一个单根独苗的儿子,自是疼爱万分。有亲戚劝胡来富让孩子读书,胡来富让儿子上了几天学,可儿子对读书没兴趣,三天两头逃学,老师上门告状,胡来富爱子心切,从不严加管教,久而久之儿子干脆不读书了,胡来富也听之任之。亲戚们再说读书的事时,他把眼一瞪:"读什么书,我们西递最风光的就是有钱了,我的银子多得儿子的儿子、孙子的孙子都用不完,还读什么书?"就这样,胡来富那不争气的儿子一天天地长成了五毒俱全的人物。一次伤了人命,逃到了外地。胡来富的年纪大了,也少了些当年的猖狂。为了儿子的事,上下打点,用钱如水,打那以后他也就羡慕起别人的读书儿子来了,自己也请了一个老先生上门来教自己。胡来富的儿子逃到了外面,更是胡作非为,终于锒铛入狱,秋后问斩。由于他死不认罪,最后被处决时,连哪里人氏都没搞清,所以儿子的死,胡来富一直都不知道,只是后来几位在外地经商的人回来谈起那个坏家伙时,西递村的人才知道那"害人精"已死了。本是风烛残年的胡来富,听到儿子的死讯,更是万念俱灰,再加上几年读书,使他明白很多道理,看看村里那些读书人家一代传一代,真是"读书人家穷不久,不读书人家富不长",觉得自己的一生是太浑了。那晚在写下"几百年人家无非积善,第一等好事只是读书"的感慨后自缢了。胡来富最后的心情,也许是后悔的,促他写下的那副联文,却给了西递后人以鼓舞。

【延伸阅读】

前人把知识转换为文字,供后人阅读、汲取文字中的营养,使我们今天能够少走弯路、少走错路,这是我们读书的第一大好处。我们可以从书本上学会选择自己的人生,看清楚人生的道路。

【原文】

立德齐今古,藏书教儿孙。

【译注】

像古往今来的圣人一样树立德行与功业,收藏圣贤书籍教育后代。

辑自徽州楹联。

【感悟】

父母的美德，是儿女最大的财富；父母的心房，是儿女广阔的天空。

法治是根据法律体制治理国家，礼治是根据道德教化治理国家。法治造成了今天的西方文明，礼治也造就了历史上的汉唐文化，但是法治和礼治都有漏洞。最显著的例子是 2008 年以来的全球金融危机，很重要的原因是大投机商利用法律的漏洞造成的。礼治的缺点变成了人治，道德只用来治人，却不用来约束统治者自己，结果造成了唯唯诺诺的顺民。因此，法治、礼治应该取长补短。西方如用道德治国，就不会有全球金融危机；中国如以法治国，就不会有"文化大革命"。所以，《论语》只有半部可治天下。

德行、功勋，随时代、观念不同，均有可能遭人遗弃；一个人的成就在百年千年之后，也许就是那么一句话，一个道理，一个思想了。

立德者方能立人，立人者方能立功，立德、立人、立功者方有真言立！

在一个极端浮躁的时代如何践行自己的主张？制造大国与造假大国，假货、假学问与假信仰，民族之危——诚信不在，谁人与吾为伍？

【故事链接】

胡适先生曾将"三不朽"称为"三 W"主义。"三 W"即指英文 Worth、Work、Words，这个 Worth 是价值，Work 就是工作，Words 就是字、写字，与立德、立功、立言比较相近。1986 年，当时的中共中央总书记胡耀邦读了《胡适文存》以后写了一个内部批示，要文化工作者研究两个人：一个是孙中山，中国现代化的先行者；一个就是胡适，胡适是一心一意要中国现代化的。

【延伸阅读】

1."道之以政，齐之以刑，民免而无耻；道之以德，齐之以礼，有耻且格。"（《论语》）用规则来管理人民，用刑罚来维持秩序，人就会失去自尊心，会逃避你；用道德的力量来管理，用礼仪来维持秩序，人就会保持自尊，并且主动来接近你。

2.人生三不朽：立德、立功、立言。

德：道德、德行、品德，意在做人，自我修行。人一辈子要做的事——完善自己，影响他人。

功：功劳、功勋、善事，意在做事，帮助他人。影响一个区域、一个时代、一代人或几代人。

言：学问、箴言、思想，意在做学问，将自己的思想记录下来。影响他人，好的思想不论在什么时代均能让人去学。

鲁国大夫叔孙豹与范宣子讨论"朽不朽"的问题。范宣子说他的家族从尧舜时期就已经受封为贵族，经历夏、商、周，一直到春秋时期，世代受封，延续千年以上，长盛不衰，于是他问叔孙豹："这是不是可以说是'不朽'了"。叔孙豹回答："这不能算'不朽'，只能说是'世禄'。"他说："太上有立德，其次有立功，其次有立言。虽久不废，此之谓不朽。"这个"太"就是最高的意思，最高的境界是立德，其次要立功，再次要立言，虽然时间很久，但是废除不了，这个叫"不朽"，也有说"三立"，后世广泛传为"三不朽"。

3.良知与学问。

只有有良知的人，才会好好做学问；

只有有良知的人，才会把学问做好；

泯灭了良知的人，必是学界败类；

泯灭了良知的人，学府也是葬身的坟墓；

具有良知的民族，才是有前途的民族；

失去良知的民族，必然走向衰败；

学者，是一个民族良知的最后守卫者！

4.学人立德立学宣言。

我等学人，当于浊中立洁，腐外成杰。

我等学人，当知敬人贵己，损人损己。

我等学人，当以天下己任，救国救人。

我等学人，当持自强不息，立德立学。

我等学人，当求至真至善，无愧天地。

我等学人，当持自清达人，普惠万众。

我等学人，当敢鄙夷伪术，贫贱不移。

（引自南开大学商学院齐善鸿教授课件）

【原文】

广积不如教子，投资宜重教育。

【译注】

大量积累资产不如教育子孙成才，投资理财更要偏向教育。

辑自绩溪龙川门联。

【感悟】

爱其子而不教，尤为不爱也。　　　　赶路要起早，教子要趁小。

【故事链接】

以商养文，以文传家，形成了儒贾之间的良性循环。"毕事儒不效，则弛儒而张贾"，可能也包含着另外一种含义。那就是在一个家庭中，如果几位兄弟都从事举业，那大家只好喝西北风，所以还必须有所分工。这种家庭成员的分工，在徽州地区自古至今是相当普遍的。当时徽商之住所，所见极多的是"冰梅图"——许多半片梅花落在一方方冰上的图案，其图除令人叹为观止外，它还寓意着"梅花香自苦寒来"，严冬将尽，读书人"十年寒窗"，终将金榜题名，一鸣惊人。这种"十户之村，无废诵读"乃是毫不夸张的说法。此外，徽商不惜重金办教育、创书院，因而徽州地区文化发达、人才辈出。婺源李大祈，早年学习诗文，后弃儒就贾，经营盐业，往返于淮、扬、荆、楚之间，腰包日渐隆起。可是，他每每想起少年学业未成，不免失落，于是掏钱办私塾，延请名师教读，自己也每日督促，直至公子中举，才算了却心事。

【延伸阅读】

给他一个空间，让他自己往前走；
给他一段时间，让他自己去安排；
给他一个条件，让他自己去利用；
给他一个问题，让他自己去解决；
给他一个困难，让他自己去克服；
给他一个机遇，让他自己去抓住；
给他一个矛盾，让他自己去化解。

【原文】

不作风波于世上,自无毁誉到胸中。

【译注】

不对人世间的欲望作无尽的追求,自然就没有受到诋毁时的低落和受到赞誉时的激动,而以平常之心应对一切。

辑自徽州楹联。

【感悟】

用你的智慧之心,打破困扰,去除迷惑,你将会发现你生活的世界,竟是那么的美妙。

现代人欲望的无限膨胀是一个有目共睹的现象,这一方面推动着现代社会不断向前发展,另一方面也给现代社会生活带来不少问题。然而,人想要的都是他需要的吗?人的欲望与需要是一回事呢,还是有所区别?

当你的理性智慧,一旦窥破困扰起自内心的秘密,你将进入解脱自在、优哉游哉的佛的境界。

【故事链接】

清代歙人凌晋从商以仁义为本,交易中有黠贩蒙混以多取之,不作屑屑计较;有误于少与他人的,一经发觉则如数以偿。结果他的生计蒸蒸"益增"。

【延伸阅读】

渴望和失望往往是成正比的。如果一个人的欲望太大,整日就会被自己的欲望所驱策,好像胸中燃烧着熊熊烈火一样。一旦受到了挫折,他又好像掉入寒冷的冰窖中。其实,无论是热烈如火,或是寒冷如冰,都是自己造成的。大部分人都活在这种自我折磨中,不是受无尽欲望的鞭打,就是将自己生命的价值完全寄托在外界对自己的看法上。许多人在生命的激流中覆舟,以为自己就此死去,但是,如果他们能沉潜到激流的底层,便可以发现,在波涛汹涌的生命表象之下,原来生命的本身是如此宁静而无所欠缺。在这里,没有冰也没有炭,只有如鱼得水般不尽的悠然乐趣。

(《小窗幽记》)

【原文】

> 不忘孝友为家政，还冀诗书著祖鞭。

【译注】

祖鞭：先着，先手，指勤奋、争先之意。

孝顺父母、友爱兄弟是在处理家事时最要切记的，并且希望通过学习争取获得社会认可。

辑自徽州楹联。

【感悟】

心有多大，舞台就有多大！

人类本身生而具有内发的成长潜力，进取力就是人要向上的欲望、向上的动机，是人性成长发展的基本动力。

这种进取力有时会自动自觉地出现在人们的脑海里，或者是遇到什么外界的诱因，拨动人们的神经，从而给我们以力量，产生积极的、勇敢的行动。

【故事链接】

走出徽州的文人胡适先生把徽商百折不挠的创业精神誉为"徽骆驼"最合适不过。被人们誉为"沙漠之舟"的骆驼，吃苦耐劳，勤恳努力，有着敬业、执着、拼搏、坚韧、进取等优秀品质。人格化的骆驼，更是给人以一种不畏道路艰险、忍辱负重、长途跋涉、富有进取开拓精神的深刻印象。从某种意义上说，徽商的巨大成功与忍辱负重、坚韧不拔的"徽骆驼"精神是密不可分的。清代祁门的倪尚荣，7岁时父亲就去世了，家境十分贫寒。稍大一点，他就砍柴以奉养母亲。不久又赶上时局大乱，粮食昂贵，不得已，他就去学做船夫，依然不能养家糊口。于是，倪尚荣将一点点积攒起来的小本钱拿出外出学经商，往来于鄱阳湖和祁门之间，不避艰险，终于改变了贫寒的境遇。

【延伸阅读】

晋朝时期，年轻有为的刘琨胸怀大志，想为国家出力，好友祖逖被选拔为官，他发誓要像祖逖那样为国分忧。后来他从司隶一直做到尚书郎。他曾经给亲友写信说："吾枕戈待旦，志枭逆虏，常恐祖生先吾著鞭。"

治家金言

【原文】

富而教不可缓也，徒积资财休益乎?

【译注】

徒:只,仅仅。　休:不,没有。

家庭有了一定财产了,对子女的教育就刻不容缓了,否则光知道积累财富又有啥长久的益处呢?

辑自徽商鲍柏庭语。

【感悟】

徽商多自小接受儒学教育,与其他商帮相比,独具聪明智慧、心理素养、市场眼光和经营能力,因而能在瞬息万变、风云诡谲的商战中权衡利弊,击败竞争对手。

【故事链接】

古之徽州,自宋代以来,对教育便非常重视,其"十户之村,不废诵读"的教育氛围,使人感悟到这块土地不可低估的前景。不论家境如何艰难,也要设法让孩子读书的理念为徽州人一代一代所传承。流传于古徽州一句俗话"养儿不读书,等于养头猪;一家不读书,等于一窝猪"便体现出人们对读书的看重。徽州商人对教育的重视不仅仅局限于经济资助,而且身体力行。歙县凌珊,早年丧父,弃儒从贾,常为自己不能毕生致力儒学而遗憾,其经商成功后,不远千里为自己的孩子和宗族中的子弟延请名师,自己每天黎明即起、夜深方眠,督促后辈认真读书。每次从外面办事回来,进门听到读书声便感到劳累尽消,病危时仍不忘告诉妻子:"如果日后孩子当官,你随他赴任,时时提醒他做个好官,以不负我的遗愿。"

【延伸阅读】

今人那"再穷不能穷教育,再苦不能苦孩子"的说法,其实,在徽州人那里早已体现得淋漓尽致。

【原文】

族中子弟有器宇不凡、资禀聪慧而无力从师者,收而教之,或附之家塾,或助以膏火,培值得一个两个好人,作将来模楷,此是族党之望,实祖宗之光,其关系匪小。

【译注】

资禀:天资,禀赋。 膏火:供学习用的津贴。 培值:值通"植",培养,扶植。 族党:聚居的同族亲属。 匪:通"非"。

家族子弟中如有禀赋的,聪明肯学而家庭贫困无力进入学堂的应该集中起来培养,或者让他们进入家族的塾堂学习,或者资助他们学费。如果能这样培养出几个好的人才,作为后代的学习楷模,这也是家族的希望所在,也是光耀祖先的事情,所以这是大事情。

辑自《茗州吴氏家典》。

【感悟】

回望历史上的徽商,曾经涌现出一代又一代的合格接班人。现代新徽商的民营企业培养接班人的条件更好、途径更多,理当培养出更多更好的接班人。老一代的民企创业者应以更科学的办法培养接班人,新一代的民企继承人应以更高的标准要求自己,自觉地走出"财富陷阱",尽快实现由继承人到接班人的角色转换,无论是家族还是社会,都期待着徽商接班人的茁壮成长。

【故事链接】

徽商对子弟业儒无不寄予厚望。有的家族明确规定,对族中聪颖好学的子弟,无力从师者必须给予资助,并将此列入家典,世代遵行。徽州在这种重视教育、重视人才培养的风气下,出现了大量人才,这是徽商异于其他商帮之处,也是徽商迅速发展的重要原因。祁门胡天禄"输田三百亩为义田,使蒸尝无缺,塾教有赖,学成有资……"家庭与宗族筛选出有培养前途的族中子弟,进入书院或考入县、郡学府深造。明清两朝"天下书院最盛者,无过东林、江右、关中、徽州"。而徽州书院之盛,主要是徽商慷慨资助的结果。明代,徽州书院勃兴,到了清初,

"徽属六县计有书院五十四所"。尤其在乾隆年间,两淮盐商中的徽商,不惜斥巨资在桑梓之地兴办或修建书院。

【延伸阅读】

存心以仁为主,修己以敬为主;慎独以诚为主,克欲以刚为主;
出语以确为主,制行以精为主;接物以蔡为主,处事以义为主;
容貌以庄为主,衣冠以正为主;饮食以节为主,滋味以淡为主;
起居以早为主,步履以安为主;坐卧以常为主,游览以适为主;
读书以勤为主,作文以精为主;穷经以理为主,观史以断为主;
吟诗以情为主,立言以训为主;学术以儒为主,异端以关为主;
日用以俭为主,交际以甫为主;宴会以和为主,赠予以谦为主;
辩论以真为主,辞受以礼为主;事君以忠为主,事亲以孝为主;
兄弟以让为主,子孙以教为主;妻妾以分为主,男女以别为主;
宗党以睦为主,朋友以信为主;故旧以厚为主,贫乏以济为主;
争斗以释为主,祀先以思为主;祭神以齐为主,衔下以恩为主;
奉上以谨为主,处常以经为主;处变以权为主,守官以谦为主;
御众以恕为主,行政以德为主;教民以伦为主,断狱以明为主;
使民以时为主,税敛以薄为主;荆罪以省为主,良善以施为主;
汝宄以惩为主,民财以惜为主;民力以宽为主,田土以垦为主;
蚕桑以植为主,城郭以完为主;环栏以宁为主,贼盗以息为主;
流移以还为主,交甲以缮为主;士卒以练为主,马政以挚为主;
盐铁以均为主,商贾以通为主;交易以平为主,器皿以备为主;
材木以储为主,鱼鳖以番为主;鸡承以畜为主,桥榔以茸为主;
道路以平为主,阛市以稅为主;渭河以疏为主,边塞以防为主,
夷狄以霸为主。

[《吴氏族规篇·人道至要》康熙二十五年(1686 年)颁行]

【原文】

祖宗以孝友传家,所望善为继述;子弟与诗书相习,自然日进高明。

【译注】

先辈以事父母孝顺,对兄弟友爱为根本传给子孙,世代相传,对先辈的期望我辈要妥善继承并传递下去;后辈学习诗书礼仪,当然就会每天取得进步。

辑自婺源一经堂家祠联。

【感悟】

爱戴父母、尊老敬长现代社会所提倡的孝,是建立在父子人格平等的基础之上的孝,是亲子人格平等前提下子女对父母的道德义务,它是现代家庭中调节亲子关系不可或缺的重要的道德规范,也是老人得享天伦之乐的伦理保障。这就告诉人们,作为东方之美德的孝在现代社会并没有过时,它依然是天下为人子者最基本的德性。

长爱幼敬,同甘苦,共患难。一人有难,大家支援,一人有喜,阖家同乐,兄友弟恭,姊爱妹敬。

雅言传承文明,儒雅浸润人生。

最是书香能致远,腹有诗书气自华。

【延伸阅读】

千百年来,中华民族的读书传统流传下来很多优秀的品质,比如刻苦勤奋、对书的尊重、对读书人的崇敬,等等。互联网、手机、汽车等现代工具让我们的生活节奏越来越快,人与人之间的关系越来越功利。现代化提高了国人的生活节奏,但并没有从根本上带给人们快乐,反而带给人们更大的压力。人类要进步、社会要发展,必定要进入现代化。当人们的心灵面对这烦躁的社会,不知道如何生活了,心中少了那份宁静与自在。当大家只是以物质为基础,而精神上却一片荒芜时,这是很危险的事情。该是我们静下心来研读国学经典、聆听圣贤教诲的时候了。

【原文】

明礼让以厚风俗,务本业以定民志。

【译注】

风俗:特定社会文化区域内历代人们共同遵守的行为模式或规范。将由自然条件的不同而造成的行为规范差异,称之为"风";而将由社会文化的差异所造成的行为规则之不同,称之为"俗"。

知书识礼可以致风俗淳朴,安心从事自己的本职工作可以安定民心。

辑自徽州楹联。

【感悟】

中国古代以农业立国,以礼义治邦,故以读书为乐事,以耕田为乐事,就算是抓住了人生的根本。有田种,则有饭吃,就解决了生计问题;有书读,则知礼义,就解决了道德问题。家境殷实,而又德性高尚,自然能够安身立命了。

【延伸阅读】

欲求"达礼"之社会,必先具"知书"之基础。一个传承书香气韵、文脉畅达的地方,定能让现代化的演进如虎添翼。

【原文】

家声最重德才高,世泽常推耕读好。

【译注】

家声:家庭的名声。 世泽:祖先的遗泽,主要指地位、权势、财产等。

家庭的声望最重要的是品行和才能;祖辈留给我们最珍贵的还是做人与谋生的道理。

辑自徽州楹联。

【感悟】

　　读书求知，耕田持家，虽说不失为一种悦心乐事的百姓生活，然而与念及苍生、胸怀君国的大业来比，确有高下之分野。可见，小人之乐固易得，而圣贤之忧实难去。古今仁人君子，胸怀宽广，心怀天下，忧百姓之疾苦，忧君国之安危。身处山木野居之所，而不忘学习经世伟国之才略；身居轩冕庙堂之上，而不忘天下黎民百姓的穷困艰辛，或舍生取义，或杀身成仁。就是因为他们有心存天下、不计身家的无私心怀，从而成为涤荡历史污泥的清流，永垂史册、彪炳千古。

【延伸阅读】

　　传统中国社会是一个以有知识、有文化的士大夫为中心的四民社会，在士、农、工、商四大阶级的等级分层中，士大夫阶级是社会的中心。通过科举制度从社会中选拔精英，保证了等级间的有序流动，也维持了社会秩序的整合和稳定。士大夫阶级是国家和社会相互联系的中枢和纽带。他们在朝为官、在野为绅、在乡为地主，是道统和政统的统一。在"家齐而后国治"的家国同构的中国古代社会，人们一直重视家庭、家族的提升和发展，形成了所谓世代相传的"世家"、"望族"，也就是政治、经济和军事上的世家大族。除了血缘关系以外，文化学术的传承成为维系世家延续和发展的一个重要纽带，形成了古代中国特有的以家学渊源或家学传承为特征的文化世家。

【原文】

世事多从忙里错，智慧尽由静中来。

【译注】

　　世间的很多事情往往忙里出错，聪明才智和判断能力需要从冷静思考中得来。

　　辑自徽州楹联。

治家金言

【感悟】

在很多时候"静"是询问心灵的一个途径。心无旁骛,是在当今乱世中的一份安宁。

忙而不乱,忙而有序,忙而有效,忙要忙到点子上去。

任何看似绝境、绝路的情况,其实静下心来想一想,都有峰回路转的可能。所谓,天无绝人之路,只看你选择一种怎样的心态去应对。

人生没有真正的一帆风顺,所谓的一帆风顺只是你采取了不同的角度看待问题而已。所以,在看似无法挽回的打击面前一定不要一蹶不振,冷静下来好好想想也许就是你的柳暗花明之时;遇事切忌不可忙乱,忙乱必然缺乏全面的考虑,而缺乏全面的考虑必然导致错误频发甚至功败垂成。

【延伸阅读】

世事静方见,人情淡始长(明洪应明《菜根谭》):人世中繁复的杂事,只有在内心平静时才可理出头绪;人情中复杂的情绪,只有在平淡的交往中才能显现。

【原文】

道从虚心得低心求道,理由悟彻来自问自答。

【译注】

知识是从虚心好学得来,放低心态求取知识,人生智慧要靠自己深刻感悟领会得来。自己设问自己回答,善于自己发现问题并找出解决的方法。

辑自徽州楹联。

【感悟】

放低姿态是种人生智慧,以低姿态求高境界的人生。放低姿态既是一种

态度也是一种作为,学习谦恭,学习礼让,学习盘旋着上升,这既是人生的一

种品位也是境界,只有经历丰富的智者才能达到这样的境界

不能向上比就向下比,不能改变事情就改变对事情的态度,不能改变他人就改变自己。

生活中有许多事无奈为之,时间磨平了激情和勇气,让我们变得平庸,这个时候我们需要放低姿态去学习和等待。

人往高处走,是人生追求。人往低处走,是追求人生。人往低处走,不是比谁更低,而是一种低调的心态。

低调,是自然、平和、不争,但不能是为了低而低。故意太低,就是做作。低调,不是无为,而是不显摆。靠谱的都低调,忽悠的才高调。靠了谱,又何必忽悠?越是经历了风雨的人,越懂得低调;越是不谙世事的人,越张牙舞爪。

放低姿态,不放低原则。

生活是智慧之源,而"悟"则是得到智慧的根本途径。悟,是一个重新认识自我的过程。我们只要经过不断地悟,不断地自我更新,才能站在一个崭新的台阶上,一步一步地走向成功。

【延伸阅读】

放低姿态是一种风度。其实,把自己看低些,这是心灵光明磊落的折射,是气度无私无畏的反映,是境界正直坦诚的流露。看低自己的人总是很知足,对获得的成功珍惜有加。一个富有了仍然不忘看低自己的人,他将不会自傲和奢侈,从而淡化人们对自己的嫉妒心理,使自己在和谐的人际关系中继续发展;一个身居高位仍然看低自己的人,他将不会专横和贪婪,从而展示出自己的君子风度,让人们觉得可亲可敬。当你从困境中走出来时,就会发现,看低自己是一种多么难得的超凡脱俗、淡泊平和。

放低姿态是人生的一种高品位的精神享受。看低自己是对人的真实本性的理解和把握,是对人性的和历史的继承和超越。看低自己,能够宽容他人的缺陷和过错,能够看到世界上更多的精彩;能够成就自己的操守,使自己闪烁出灵魂的美丽。只有看低自己,并不断否定自己的人,才能够不断地汲取教训,加强修炼,净化灵魂,提升品质,才会为别人的成功而欣喜,为自己的善解人意而高兴,使自己在和谐的心态中生活。

【原文】

未有和气萃焉,而家不昌盛者;未有戾气结焉,而家不衰败者。

【译注】

萃:聚集。 戾(lì)气:邪恶之气,偏向、走极端的一种心理或风气。

从来没有家庭和睦而不兴旺发达的,没有因为家庭充满和谐气氛而不昌盛的,也没有家庭因为不和而不走向衰败的。

辑自徽州家训。

【感悟】

纵观当今社会,自我膨胀,物欲横流。芸芸众生人心浮躁,性情骤变。不管是源于竞争的焦虑,还是源于难平的怒气,戾气弥散都有现实根源。

在戾气弥漫的年代,人性的沉沦与被放纵是没有底线的。任由戾气蔓延,会消解社会共识,引发怀疑主义、犬儒主义甚至虚无主义的心理暗疾:真诚可能被指责成造作,善良可能被解读成虚伪,而美丽则被视为经过了整容。

戾就是逆,逆的反义词就是顺,消除戾气,需理顺社会症结。

【延伸阅读】

本句也见于《格言联璧》,作者为山阴金先生,清代学者,真实姓名和生平不详。《格言联璧》按儒家大学、中庸之道,以诚意、正心、格物、致知、修身、齐家、治国、平天下等主要内容为框架,收集有关这些内容的至理格言,按当时人的阅读习惯分为八类,从个人、家庭到社会、国家,凡所应有无所不有。作者的用意在于以金科玉律之言,作暮鼓晨钟之警,即用圣贤先哲的至理格言来鞭策启迪童蒙,从小懂得做人的道理,树立远大的人生志向,努力进取,长大以后成为于国于家有用的人。

【原文】

承前祖德勤和俭,启后子孙读与耕。

【译注】

继承祖宗先辈勤劳、节俭的好品质,开启后世子孙读书、上进的先河。

这里的耕,不是特指耕作,可以理解为耕耘,希望有所收获的意思,表现了先辈希望子孙和睦相处,勤俭持家的愿望。

辑自徽州楹联。

【感悟】

我们曾经的挫折,我们曾经的失败,我们经历的苦难,这些东西很宝贵。而且往后的日子里,一般来讲,我们会遇到比年轻时更多的苦难,这就是我们做榜样的资本。

无私无畏,正气凛然,宁静淡泊,顶天立地。

【故事链接】

相传乾隆时扬州分旧城与新城。鲍志道昌隆于盐业,富甲江南,便于扬州新城盖了一处府第。落成那天,管家引鲍志道巡视了院庭,刚进大门,鲍志道指着大门两旁各置的木凳问:"放置两凳何意?"管家答道:"此凳曰懒凳。凡扬州大家馆府均设此凳,是怕下人劳作过勤而便于休息,以此来显示主人仁爱宽儒之风度。"鲍志道沉思片刻,吩咐管家:"撤除此凳。自今以后,凡鲍家,不许有懒凳!"后来清代文人林苏门作诗称颂:"胡然无懒凳,只此一商家,守者勤劳惯,当门侍立斜。"于是"鲍家无懒凳"便成了扬州城达官贵府的一名言。鲍家无懒凳道出了鲍家勤奋治家的家风。

【延伸阅读】

教育家说:书是智慧的钥匙。

史学家说:书是进步的阶梯。

政治家说:书是时代的生命。

经济家说:书是致富的信息。

文学家说:书是人类的营养品。

学生们说:书是不开口的老师。

迷惘者说:书是心中的启明星。

探索者说:书是通向彼岸的船。

奋斗者说:书是人生的向导。

求知者说:书是饥饿时的美餐。

【原文】

勤俭持家农工商贾各居业,文章华国祖考高曾乃慰心。

【译注】

文章华国:指某人的文采为天下人所称道。 祖考:指已故的祖父。 高曾:指高祖和曾祖。祖考高曾泛指远祖以来的先辈。

勤劳节约,操持家务,从事各行各业的都安守本职。子孙努力取得骄人业绩让先辈感到快慰。

辑自徽州祠堂联。

【感悟】

中国文化的家族式传承者,应该是我们姑且称之为的精神望族。他们是中国文化传承的中坚。这类家族的主要特点,洪亮吉在《开沙于氏族谱序》中归纳成"以功德显,以文章著,以孝友称"三个标准。功德即事功,主要指做人是否德高望重,是否热心乡里公益事业;文章则不仅指信笔为文,更指广泛的精神文化修养,当然也包括参加科举考试。孝友作为道德范畴,指能够妥善处理家族内部上上下下不同人物之间的关系,家族是否团结稳固。这类家族既没有政治望族的势,也没有文化望族的名气,更不是"代有达人,名硕相望"。他们大都生活在乡村和小城镇,做生意能辛勤劳作、诚实经营,出仕或许也能做一任地方官,退则躬耕垄亩、安贫乐道,子孙世世繁衍不绝。但这类家族,把坚守道德规范作为人生最大信条,以忠、孝、节、义为人生追求目标,以礼、义、廉、耻为做人做事准则。他们对道德操守的追求,超过对物质享受的要求。在日常生活中,往往是耕、读并重,平安度日,守成为本。他们可能经济状况不佳,但却能贫贱自守,后人往往能恪守先辈遗训,保持家风不坠。家族中数代文化积累，偶然会出现一位在文化思想上有突出贡献的人物，后人往往能克绍箕裘，发扬光大。中国文化能传承至今，实赖这些家族从精神上执掌着中国文化的传承锁匙。

【故事链接】

吴士东在苏州阊门外开店，太平军攻陷苏州，商贾纷纷关上店门四处逃散。就在这个时候，江西商人满载丝棉织品的货船驶进了苏州城。由于以前的老主顾不少都弃店而逃，走投无路的江西商人把货物屯进了吴士东的小店。以后一年多的时间里，吴士东东奔西走，把江西商人的货物批发给各地的商家。世道太平了，吴士东碰到再次采货苏州的江西商人，首先的一件事情，便是将货款交到他手上。这样的诚信，是中华文化至大至美的体现，也是他们从小接受的传统文化熏陶的结果。

【延伸阅读】

一个文化的传承，不能靠几个点支撑，它需要一个广泛的基础，徽商的辛勤劳作，恰恰为中华文化在徽州的传承提供了坚实广泛的基础。由于懂文化、追求文化的徽商的文化需求，在徽州形成了一个高品质、高层次的文化市场，而它的基础，则是有文化品味的徽州百姓。于是，有了徽州书院的繁荣，有了徽州版刻图书的繁荣，有了徽州笔、墨、纸、砚的繁荣，有了徽州新安画派的繁荣。再加上"十户之村，不废诵读"的社会风气，徽州6000余座宗族祠堂带给人们的家族凝聚力，家族丛书与族谱的出版带来的家族文化的发扬光大，造成了徽州文化独步东南的态势。徽商拉动了徽州经济文化的起飞，同时也对中华文化的传承发展有着不可低估的作用。今天，注意徽州文化的传承发展，恢复、唤起积淀在徽州民众心中的文化意识，发扬光大徽州文化，是促进中华文化复兴的重要工作。

（敖堃：《徽州家族文化与中华文明传承的关系》）

【原文】

先代有贻谋肇基端由勤俭，后人宜继绪务本只在读耕。

【译注】

贻谋:父祖对子孙的训诲。 肇基:始创基业。 继绪:谓承继先代功业。 务本:致力于根本。

先辈对子孙的训诲是创业来自于勤劳节俭,后辈应该继承先辈遗志致力于做人读书的根本。

辑自徽州楹联。

【感悟】

历览前贤家与国,成由勤俭败由奢。

俭可清心,使人不滋贪念;俭可生勤,使人艰苦攀登;俭可促廉,使人守纪奉公;俭可致和,使人乐群爱众。

俭,不仅是简单的生活安排、生活方式,而且是品质修养的重要内容。守约是俭德。俭于听,可以养心,俭于事,可以养神;俭于言,可以养心,凡俭,皆可以悠悠而无穷。

【延伸阅读】

君子者,古为地位高的人,现指人格高尚的人。人格高尚之人当然有许多不凡之处,最突出的特征是什么呢?是务本,是真正能够抓住什么是根本,肯在根本上下功夫。人生匆匆,谁不是万事缠身?不会做事的人抓枝叶,沟沟岔岔、花花草草的琐事弄上一大堆,这也不放下,那也不撒手,自以为一能万能,又总觉别人无能。于是忙忙乎乎、劳劳碌碌,忙而有过,劳而无功。会做事的人抓根本,抓住根本就决不放弃,一而再、再而三地寻根究底。弄清根本,才能直指根本,抓住根本。抓根本,就得做最主要、最重要、最本质的事情。根本在手,也就胜券在握了。

【原文】

修身须正己,治国先齐家。

【译注】

　　家庭是社会的细胞，是人生之舟的港湾，家庭治理与个人、社会、国家都有很大关系。古代社会是宗法社会，管理好家庭和整个家族是个大问题。家庭的管理，最好的方法是树立孝悌、仁慈，礼让则和逊不争，弘扬这种精神，家庭就会和谐。

　　辑自徽州楹联。

【感悟】

　　个人修身关系着一个家庭，关系着一个国家。所以，在我们豪迈地宣扬自己志欲齐家治国平天下的时候，请先静静地花几年时间以正其心和以修其身。

　　我们常常会听到有人抱怨处世艰难。其实，与其怨天尤人，不如反躬自省。如果我们真的能做到把握分寸，谨言慎行，礼行天下，修身养性，我们会少很多烦恼，就自然会懂得为人处世之道。

　　怀着乐观和积极的心态，把握好与人交往的分寸，让自己成为一个使他人快乐的人，让自己快乐的心成为阳光般的能源，去辐射他人、温暖他人，让家人、朋友乃至于更广阔的社会，从自己身上获得一点欣慰的理由。

【故事链接】

　　胡雪岩年轻的时候，在杭州一家钱庄里当学徒。有一天的下午，胡雪岩一个人守在店堂里，和往常一样，依旧是翻书识字，有顾客来时，他就放下书，上前去打招呼。这天，钱庄里来了位名叫王有龄的客人，是一个穷困潦倒的书生。胡雪岩与他并不相熟，但一番闲聊之后，胡雪岩发现这个书生很有才华，也很有抱负，将来有了机会一定会发达的，但是现在却缺少进京的盘缠和做官的"本钱"。胡雪岩了解了王有龄的这些情况以后，二话没说，就把钱庄的500两银子借给了他。黄昏的时候，钱庄老板回来了。胡雪岩向老板汇报一天的生意，一说到借出去了500两，老板不等他说完，就气得跳了起来："这哪里是做生意？这500两银子看来是有去无回了，你也给我卷铺盖走人吧！"老板不肯轻易地相信别人。胡雪岩则不这么想，他想的是，真诚地相信别人才能扩大自己的生意。没有办法，老板就是老板，他叫走人，你不走也不行啊！于是，胡雪岩也就只能无奈地离开了钱庄。胡雪岩离开钱庄后，就没有了工作，没有了饭碗，只得在杭州的街头流浪。这样，过了很长一段时间，直到王有龄当官回到了杭州，在西子湖畔见到了胡雪岩，胡雪岩街头流浪的日子才告结束。王有龄感念胡雪岩当初对他的信任和帮助，资助胡雪岩在杭州联桥开了自己的钱庄。胡雪岩开办钱庄后，坚持重信义,生意越做越好、越做越大。相信别人才能够赢得别人的信任,同样,想要获得他人的帮助,首先得帮助他人。

【延伸阅读】

古代那些要使美德彰明于天下的人,要先治理好他的国家;要治理好国家的人,要先整顿好自己的家;要整顿好自己家的人,要先进行自我修养;要进行自我修养的人,要先端正他的思想。思想端正了,然后自我修养完善;自我修养完善了,然后家庭整顿有序;家庭整顿好了,然后国家安定繁荣;国家安定繁荣了,然后天下平定。身修之后,足以为一家表率,这样家庭便自然而然地会治理好。在家齐的基础上,国治与天下平也就不是难事了。

子路问孔子怎样才能成为一个君子。孔子告诉他说:好好修炼自己,保持着严肃恭敬的态度(修己以敬)。子路一听,做到这(4个字)就能当君子了? 不会这么简单吧? 于是又追问:这样就行了吗? 孔子又补充说:"修炼好自己的前提下,再想法让别人安乐。"子路显然还不满足,又追问:"这样就行了吗?"孔子又补充说:"修炼自己,并让百姓过上幸福的生活。像尧、舜这样的圣贤之君还发愁在这件事情上没有做好呢。做到这一点,难道还不够个君子吗?"

【原文】

我新安为朱子桑梓之邦,则宜读朱子之书,取朱子之教,秉朱子之礼,以邹鲁之风自待,而以邹鲁之风传之子若孙也。

【译注】

新安:即徽州,位于新安江上游,古称新安,宋徽宗宣和三年(1121年),改歙州为徽州,从此历宋、元、明、清四代,统一府六县(歙县、黟县、休宁、婺源、绩溪、祁门),辖境为今黄山市、绩溪县及江西婺源县,行政版图相对稳定。 朱子:对朱熹的尊称,著名的理学家、新儒家,祖籍徽州婺源。朱熹为北宋以来理学之集大成者,被尊为古代理学正宗,他是中国封建社会后期影响最大的思想家，后人将他视为儒学宗师。其思想学说从元代开始成为中国的官方哲学，不仅深刻地影响了中国的传统思想文化，而且还远播海外，产生了相当大的影响。

我们徽州是朱子的诞生之地，子孙后代应该诵读朱子的书，采用朱子的教育思想和方法，秉持朱子所推崇的礼仪，以礼仪之邦的传统要求自己，并且要以礼仪之风俗教育子孙后代。

辑自雍正茗州《吴氏家典·序》。

【感悟】

文风的昌盛造就了徽州科举的赫赫成就。明清新科状元数，徽州位列全国前茅，成为我国历史上重要的英杰辈出之地，先后涌现了一大批思想家、学术家、教育家、科学家和艺术家，可谓群贤荟萃、众星闪烁。歙县向以"文化之乡"、"礼仪之邦"而著称，在历史上享有"东南邹鲁"之美称。

【故事链接】

朱熹祖籍婺源。出生在福建的朱熹，时常想起婺源。朱熹说："此夕情无限，故园何时归。"回到婺源的朱熹，经过县城北门的郊外，看到幽静而空旷的山谷，一泓清水缓缓流过，朱熹说："我从前在梦里到过这里的呀，这是什么地方啊。"他的学生告诉他这里就是朱绯塘。再一次经过朱绯塘的时候，朱熹脱口吟咏道："半亩方塘一鉴开，天光云影共徘徊，问渠哪得清如许，为有源头活水来。"康熙皇帝曾经这样评价朱熹的学术思想："集大成而绪千百年绝传之学，开愚蒙而立亿万世一定之规。"为什么徽州人对于朱子理学的传承这样毅然决然？徽州人说："这是因为我们是朱熹的乡里乡亲，我们要保持煌煌千年的邹鲁之风，所以我们读朱子之书、取朱子之教、秉朱子之礼。"徽州人就这样唱响了新安理学。朱熹说："读书志在圣贤。"辽阔的徽州积极响应，这一唱一和成就了徽州"十户之村，不废诵读"的千古佳话。走南闯北的徽商，做各行各业的生意，他们相同的个性是左儒右商和亦商亦儒，他们相同的志向是使自己的后代业儒入仕，所以在徽州创办书院蔚然成风并且经久不衰。坐落在歙县的紫阳书院是为祭祀朱子而建，是徽州境内历史最悠久、规模最大的教育中心。此外还有竹山书院和南湖书院。正是这种风气的推动，使得徽州人在科举仕途上竞跑特别起劲。自唐以来，徽州地区共出过2081名进士，这是一个让人吃惊的数字。在程朱阙里，我们感受到的是，在这片土地上，古往今来，无论是历史事件还是故事传说，无论是达官贵人的显赫还是贩夫走卒的坎坷，都折射着程朱理学的光芒。

【延伸阅读】

学校者,化民成俗之本也。州县立学,始自宋之庆历。而南渡后,徽为朱子阙里,彬彬多文学之士,其风埒(liè,等同)于邹鲁。(乾隆《绩溪县志》卷三《学校》)

古代学者是视徽州为奉行孔孟之道的"亚圣地"。而我们今天之所以要保护这块"亚圣地",当然是要对它的整体保护。"婺源和绩溪是徽州历史上一南一北最重要的两个县。如果说因为朱子的缘故,婺源着实是徽州的鲁;那么从这个比喻出发,因为胡适先生,绩溪完全称得上徽州的邹。徽州以往因为其文风昌盛,被称作'东南邹鲁'。极具讽刺意味的是,徽州的'邹'、'鲁'现在都不姓'徽'了,我们还好意思称我们是'东南邹鲁'吗?"(章亚光,《"东南邹鲁"今何在?》)

【原文】

非诗书不能显亲,非勤俭不能治生。

【译注】

只有通过读书做官,才能光宗耀祖;只有勤俭,才能持家和发家。

辑自《丰南志·从父敬仲公行状》。

【感悟】

天道酬勤,努力一定有结果,但是不一定有好的结果,不努力则一定没有 结果。

书犹药也,善读可以医愚。

【故事链接】

徽州第一代商人大多一贫如洗,勤俭发家显得尤为重要。婺源李祖记,早年业儒,因生活贫困,弃儒就商,从事贩木。凡竹头木屑均舍不得丢弃,收集起来,各当其用,逐渐发家致富。既富,勤俭不减贫困时,每天粗茶淡饭,一件布衣穿了十多年,一双云履只在见客时穿。居室极陋隘,也不新建,资金全部投入营运。富商大贾,也以勤俭自律。歙县大盐商鲍志道,拥资巨万,不事奢侈,家中不专备车马、不演戏、不豪宴请客。

【延伸阅读】

以自我完善为基础,通过治理家庭,直到平定天下,是几千年来无数知识者的最高理想。然而实际上,成功的机会少,失望的时候多,于是又出现了"穷则独善其身,达则兼济天下"的思想。"正心、修身、齐家、治国、平天下"的人生理想与"穷则独善其身,达则兼济天下"的积极而达观的态度相互结合补充,几千年中影响始终不衰。

【原文】

> 得地还须进一步,知天更上一层楼。

【译注】

从基础做起还要进一步努力,要获得更多智慧就需要登上更高台阶,智慧的修得是需要不断努力的。

辑自徽州楹联。

【感悟】

终身学习,不断创新,知人、知物、知天、知地。

【故事链接】

胡贯三是昔日江南六大巨富之一,他是徽州黟县西递村人。胡贯三出身于重理学、懂礼教的家庭,四五岁时就在家中开始学识字块、对对子、写红描;6岁进本村的燃黎馆读书,背《三字经》,念《千字文》,读四书五经,诵《幼学琼林》、《古文观止》,打算盘,临字帖等。由于家长的严格要求,教书先生的认真教诲,天真纯朴、聪颖过人的胡贯三学习更为上进,成为同窗学友中的佼佼者。

【延伸阅读】

故不登高山,不知天之高也;不临深溪,不知地之厚也;不闻先王之遗言,不知学问之大也。(《荀子》)

苏东坡年轻的时候就小有名气,于是,他在自己的书屋门前贴了一副对联:识遍天下字;读尽人间书。他的父亲见了,想把对联撕下来,但怕伤了儿子的自尊心,就在对联前面各加两个字,变成了"发奋识遍天下字;立志读尽人间书。"苏东坡见了,明白了父亲的用心,从此继续发奋苦读。

【原文】

升高必自下,谨始惟其终。

【译注】

登高一定是从低处开始,为人处事始终谨慎心。

辑自徽州楹联。

【感悟】

每个人都渴望成功,希望头顶有光环,拥有别人羡慕的眼光,居于万人之上,俯视芸芸众生。每个人都想站在山巅之上,立于云天之间,风光无限一览无余。但是要想登上山巅,怎能离开实地、跨过山脚?千里之行始于足下,双脚所踏之处永远是你征程的起点。只有一点一滴的积累才能越来越接近心中的理想之地。

对天下之事,哪怕是"至微至易"者,都应当慎重持敬,不能掉以轻心。

恭慎地对待人与事,就能够使内心

变得正直;能够敬重他人及一切事,就　　来才显得游刃有余。
能处理好纷纭复杂的人际关系,做起事

【延伸阅读】

要登高,必须从低处开始,要行远,也要从近处出发。

康熙教子庭训格言——慎重持敬,谨终如始。

训曰:凡天下事不可轻忽,虽至微至易者,皆当以慎重处之。慎重者,敬也。当无事时,敬以自持;而有事时,即敬之以应事物;必谨终如始,慎修思永,习而安焉,自无废事。盖敬以存心,则心体湛然。居中,即如主人在家,自能整饬家务,此古人所谓敬以直内也。《礼记》篇首以"毋不敬"冠之,圣人一言,至理备焉。

主要意思是:对于天下发生的任何事情,都不能掉以轻心,即便是最小、最容易的事情,也应当采取慎重的态度。慎重,就是所谓的"敬"。在没有事的时候,用"敬"来约束自己的操行。在有事的时候,以"敬"心去应对一切。做任何一件事情,都一定要始终如一,谨慎小心,坚持谨慎持重、从长计议的做事原则,并养成一种良好的习惯,就不会有什么过失、错误发生。所以说,一个人心中如果有了"敬"意,那他的身心就会处在一种厚重、澄清的状态之中。把"敬"放在心上,就如同主人在家,自然能够整理好家务,这就是古人所说的"敬"能够使一个人的内心变得正直的含义。《礼记》一开篇就以"毋不敬"开头,圣人的这一句话,备极至理。

【原文】

如愿平为福,自得居自安。

【译注】

满足自己愿望平安就是福份,感觉舒适家庭自然就安定祥和。

辑自徽州楹联。

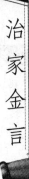

治家金言

【感悟】

人世间的物质财富是非常有限的，然而，人对物质财富的欲望却是无止境的。世人虽然都知道"知足者常乐"的道理，但是心淡如水的明白人仍然很少。一个人要想生活得幸福潇洒，放淡自己的欲望是一项必不可少的智慧。

贪得无厌者不懂得控制自己的欲望，一味盲目追求，结果顾此失彼。心淡如水的智者则明白"无求而自得"的道理，悠然地达成更多的愿望。

【故事链接】

江苏东台有个安丰镇。由于徽商的拥入，明代时安丰成为闻名天下的"淮南中十场"盐场之一。2000徽州人经营着800多家大小铺面。鲍氏大楼建成于1850年，坐落在安丰明清街王家巷内，为徽商鲍志远建造。其布局井然、营造精巧、雕饰质朴，体现了古代徽式建筑与苏北民居文化的相互渗透与融合。第一进为对厅，第二进是大厅，又叫圆厅，是整栋楼房的主体部分。与正厅并列一侧的是方厅。所谓圆厅、方厅，因其建筑风格迥异而得名。圆厅之内，立柱、柱础皆浑圆，檩椽线条柔润；而方厅之中，大小木作皆周正见方。古有天圆如盖、地方如棋局之说，想来鲍志远是借以表述：做生意，要细密审慎力求圆满；做人，则要遵规守矩务求诚实。而黛瓦粉墙上的青砖门罩装饰更彰显鲍志远治家和持家的理念。门罩顶端，一围质朴浑厚的滴水瓦当，绘有精致神秘的八卦图纹，书"太平"两字，似与走近的每一个人低语：福之所至，莫不为太平所倚，平安即福啊。道光末年，"淮南中十场"日趋衰落，盐运、钱庄生意日渐萧条。鲍氏后人深谙"财富终有散尽日，文化却无断流时"，转而潜心研学。鲍蕴皋继其曾祖之后鲍氏家族第二位秀才，时值晚清政府废科举兴洋务，他舍下这功名，南寻新学，后考取金陵两江师范。他这一支血脉从此远商近学，书香氤氲。另有鲍氏第六代孙鲍善慈新中国成立前夕移居海外，如今鲍楼传人遍布欧美和港台，因为良好国学根基的滋养，无论经商抑或治学都成就斐然，卓有建树。

【延伸阅读】

自适、自得、自足、自安。自适，自我满足，从而不被欲望左右；自得，自得其乐，从而不怨天尤人；自安，安于所处，从而静心养性，不被世俗贫富优劣烦扰，生命便归于平和了。有此境界，何患人生处在起落之中？也不会穷了怕冷眼，富了怕红眼，高了还想高，低了自寻烦恼。

【原文】

知足天地宽，贪得宇宙隘。

【译注】

对于得失要知足常乐，只有这样才会觉得周围的空间十分开阔，如果对周围的所有都很贪婪，那么就会觉得世界是那么狭小。

辑自徽州楹联。

【感悟】

祸莫大于不知足，咎莫大于欲得。

人不可一日无钱，但切不可为钱财所累。

如果一个人拿得起（儒家）、放得下（道家）、看得开（佛家）、hold 住（法家），他一定是世界上最快乐的人。

【延伸阅读】

我们不可能改变现状，但是，我们可以左右、把握自己。我们的一切烦扰都来自内心深处。人生的起起落落，都是成长的经验，而且是不可或缺的经验。"江河不择细流，故能成其深"，我们只有以宽恕、包容之心对待生活中遇到的一切，生活才会稳定，身心才会健康。我们每一个人都应该切实认识到这一点。这对我们冷静、全面并且正确地处理生活中遇到的问题，生活得滋润充实有非常深刻的现实意义。

【原文】

闲居足以养志，至乐莫如读书。

【译注】

安闲居家完全可以培养、保持不慕荣利的志向,人生最大的乐趣莫过于读书。

辑自徽州楹联。

【感悟】

读书可知书达理,修身养性,以立高德;耕田可丰衣足食,养家糊口,以立恒基。所谓耕读传家,就是把读书和务农结合起来,既学做人,又学谋生。所以,古人强调人们要抓住人生的根本,以读书为乐事,以耕田为乐事,既解决吃饭问题,又解决道德问题,做到家境殷实、社会和谐。

【延伸阅读】

时下大多数人将学习尤其是学习过程视为苦差事,认为只有当学有所成、学有所得之时(学习结果)才是幸福和快乐的,并且这种幸福和快乐转瞬即逝,所以从根本上认为学习苦不堪言,无半点乐趣。然而两千多年前,我们的圣人孔子对于学习的评价和对待学习的态度或精神却有着独到的体悟和感受,《论语》载孔子云:"学而时习之,不亦说乎? 有朋自远方来,不亦乐乎?""学而不厌,诲人不倦。""学如不及,尤恐失之。""知之者不如好之者,好之者不如乐之者"。从孔子的言语之中我们找寻不到一丝关于学习之"苦"的踪迹,浮现在我们眼前的是求知若渴、以学为乐的孔夫子形象。在孔子看来,学习本质上是一种快乐的活动,并将对待学习的态度分为依次递进的三个境界——知之、好之、乐之。孔子认为不仅要"学"而且更要"时习之",要有一种力争上游、不甘落后的进取精神,达到"学而不厌"、"学如不及,尤恐失之"、"知之、好之、乐之"的境界。不难看出,"乐之"是孔子极力推崇的最高学习境界。其实这正是孔子好学、乐学,不厌不倦的"乐学论"、学习幸福观的生动写照。

【原文】

读圣贤书行仁义事,立齐家志存忠孝心。

【译注】

读圣贤留下的书籍,做仁义的事情,树立治家理政的志向,怀着尊老敬贤之心。

辑自绩溪上庄厅堂联。也见于《增广贤文》。

【感悟】

今天,仁、义、忠、孝的内涵该如何理解?

提倡"仁",就是以人为本,富有爱心,一切从关怀人、爱护人、发展人的目标出发,使国家、民族和家庭达到和谐的最佳状态。

提倡"义",就是坚持正义,保持节操,任何人、任何时候都不能做出危害国家、危害民族、危害人民的事情,在敌人或困难面前,不能变节投降,要敢于与丑恶势力斗争,不与邪恶势力同流合污。

提倡"忠",就是忠于人民,忠于职守,全心全意做好本职工作,报效社会、报效人民。

提倡"孝",就是孝敬父母,尊老敬贤。孝是维系社会最小细胞——家庭的基本纽带。如果子孙不孝,家庭就会崩溃,社会就会乱套。孝,还要尊老敬贤,使老者有所养,贤者有所尊。

【延伸阅读】

"仁"由"人"和"二"构成,可以理解为由两人所构成的亲密关系,即爱或爱情。"仁"体现人的一种高尚情怀,是人类所特有的一种美好情操。

"义",繁体的"義"字,从"我"、从"羊",包含有死亡的意义,只要是合乎道德的行为或道理,就可以舍生取义,直至牺牲生命。

"忠",《说文解字》曰:"忠,敬也,尽心曰忠,从心。"从字形上来看,是人对祭器鞠躬作礼;从忠字的本义来说,就是人们在祭祀时要保持肃穆恭敬的态度。

"孝",其字形造得非常巧妙,高度体现了中国文字的神蕴和意蕴。孝字的上半部是"老"字的一半,下半部是"子"的全形,表示上一代人与下一代人融为一体,儿子继承老子,子能承其亲并能顺其义。

治家金言

【原文】

> 得读诗书人有福,不因名利世无争。

【译注】

有诗书可读的人是有福气的人,以超然达观的处世态度,不刻意追求名利。

辑自徽州楹联。

【感悟】

读书是与圣贤对话,与哲人交流,与智者沟通。捧起书本,就是捧起一种伟大的思想;翻动书页,就是翻动一个精神的海洋;阅读书籍,就是积聚人生的资本。读书能荡涤心灵的尘埃,使我们在喧嚣的世界里沉下心来,思考人生,达到随心所欲不逾距的境界。说是读书,其实是面对面的谈话。有时你种下一缕"思绪",就能收获一个灵感;种下一个"眼神",就能收获一串笑声;种下一个"疑问",就能收获一句至理名言。生命因读书而厚重,人生因读书而美丽,生活因读书而精彩。

保持一颗平和的心,与世无争,做自己分内的事,不争名利,淡薄功名,做好每一件事,好好生活。日出东海落西山,愁也一天,喜也一天;遇事不争放宽心,人也舒坦,心也舒坦。

【延伸阅读】

读书人是世间幸福的人,因为他除了拥有现实的世界之外,还拥有另一个更为浩瀚也更为丰富的世界。现实的世界是人人都有的,而后一个世界却为读书人所独有。由此我想,那些失去或不能阅读的人是多么的不幸,它们的丧失是不可补偿的。世间有诸多的不平等,财富的不平等、权力的不平等……而阅读能力的拥有或丧失却体现为精神的不平等。

一个人的一生,只能经历自己拥有的那一份欣悦、那一份苦难,也许再加上他亲自感知的那一些关于自身以外的经历和经验。然而,人们通过阅读,却能进入不同时空的诸多他人的世界。这样,具有阅读能力的人,无形间获得了超越有限生命的无限可能性。阅读不仅使他认识了草木虫鱼之名,而且可以上溯远古下及未来,饱览存在的与非存在的奇风异俗。

更为重要的是,读书加惠于人们的不仅是知识的增加,而且还在于精神的感化与陶冶。人们从读书学做人,从那些往哲先贤以及当代才俊的著述中学得他们的人格。人们从《论语》中学得智慧的思考,从《史记》中学得严肃的历史精神,从《正气歌》中学得人格的刚烈,从马克思身上学得人世的激情,从鲁迅那里学得批判精神,从列夫·托尔斯泰文字中学得道德的执着。歌德的诗句刻写出睿智的人生,拜伦的诗句呼唤着奋斗的热情。一个读书人,是一个有机会拥有超乎个人生命体验的幸运人。

【原文】

> 忠厚留有馀地步,和平养无限天机。

【译注】

为人做事忠厚的话,其实不是吃亏,而是在给自己留了很多余地,退一步海阔天空;和平淡宁颐养无限生机,天机无限,只宜安静准备好自己再化机而用。

辑自黟县西递村明清古楹联。

【感悟】

待人仁,待名利静。处顺境则退一步想,处逆境则进一步想。

在现实生活中人与人之间出现各种矛盾和纠纷是在所难免的,这就要求人们本着诚实、忠厚与和平的精神态度去化解矛盾、平息纷争、诚恳待人,达到团结一致和谐生活的目的。在顺境中不应趾高气扬,忘乎所以,在逆境中不要畏缩彷徨,悲观失望,凡是意志坚定、目光远大、有所追求的人,即便在工作中遇到了失败和挫折,也不应降低伦理道德要求的标准。

【延伸阅读】

积善需诚实,读书知礼节。

品质修养切忌偏颇不疏狂,做人处世更应和气又谦让。

谦虚受益人生处处有阳光,满盈招损生命天天皆阴霾。

话虽未到口边,三思更好;事纵放行心下,再慎何妨。

抱朴守拙人性本真堪发扬,玲珑处世人格扭曲宜收敛。

厚德载物做人,必和气致祥;雅量容人处世,将喜神多瑞。

栽花种竹留一份无我心境超物外,读书著文存千秋有诗华章慰平生。

存一腔正气绝无昏官之骂名,留两袖清风定有青天之美誉。

欲除烦恼须忘我,历尽艰难好做人。

（西递村胡氏宗祠敬爱堂联）

【原文】

> 居常无喜怒之色,立志以圣贤为归。

【译注】

日常生活与交往过程中高兴和恼怒都不表现在脸色上,人生志向要以圣贤为榜样。

辑自徽州楹联。

【感悟】

喜怒哀乐是人的基本情绪,世界上没有人能真正做到心如止水,他们并不是没有喜怒哀乐,只是不把喜怒哀乐表现在脸上罢了。

【延伸阅读】

喜怒不形于色,往往能体现一个人的阅历和性格。这样他每时每刻都能够控制住自己的脾气,但是这一点要想做到是十分困难的,除非一个人能有很深的人生阅历。成功的人和社会经历比较丰富的人往往能达到这一境界。遇到事情要坚强,学会忍耐,学会磨炼自己的性格,做事情时要给自己留些余地。这样就会逐渐成熟起来,而且不容易让别人发现你的真正心思。遇事要少说多看,凡事忍耐,让自己冷静下来,用理智的思维去看待周围的一切。这样时间久了,就会做到喜怒不形于色。

【原文】

养成大拙方为巧,学到如愚才是贤。

【译注】

通过培养含而不露的性格,不显露自己这才是巧妙的功夫;读书学习坚持不懈并有股执着的韧劲这才是最高的境界。

辑自徽州楹联。

【感悟】

巧与拙,一般人皆喜欢巧,不喜欢拙。然而,不是真正的巧,不如拙比较好;拙就是实在、至诚、本分,就是按部就班的拙处力行。所谓"养成大拙方为巧,学到愚时才是贤",要得巧功,必须先付出许多笨拙的苦功。速成的东西总不能持久,能从拙处力行,做人才能弥久芬芳,做事才能历久成功。

老子说"大巧若拙",一个人内心聪慧,而外表朴讷,近似笨拙,这种人才是真正聪明的人。而学习时,心无旁骛,掌握了丰富知识,却不露锋芒,更不去到处显摆,恃才傲物,这种人,看似愚人,实际是贤人、能人。

谦,美德也;过谦者怀诈。默,懿和也;过默者藏奸。

【故事链接】

胡雪岩曾向人说起过这样一则故事,有一次他去宗族办的学校拜望一位老师。放学时,天降大雨,大家都待在房檐下盼望雨停。这时,一名学生冲进雨中,跑回村里借来几把雨伞。当他浑身湿透把雨伞交给老师时,雨却停了,在场有几位同学不怀好意地哈哈大笑,他却似乎毫无觉察地跟着笑了起来。回家的路上,先前那几位同学还在背后评说他脑子太笨,而胡雪岩却认定这名学生日后可堪大用。后来这名学生真的成了胡雪岩阜康钱庄的管事。晚年,胡雪岩向人提及这件事,依然感到自己当初判断正确。一个肯冒雨为老师和客人借伞的学生,肯定是个尊师、重友、好学之人;一个能在别人讥笑中毫不计较,坦荡地跟着笑的人,绝不是一个愚笨之人,而是一个胸怀宽阔的人。

【延伸阅读】

大智若愚,大巧若拙,大音希声,大象无形。老子当初说这句话,是用它来阐明自己"无为而无不为"的哲学思想。他指出真正的聪明不在于故意显露、耍小聪明,而在于掌握、顺应事物的本质规律,使自己的目的得到自然而然的实现。

什么是真正的聪明? 有人说:外智而内愚,实愚也;外愚而内智,大智也。智愚之别,实力内外之别,虚实之分。外表聪明的人,将精明表现在外表上,处事斤斤计较,炫耀张扬,唯恐别人不知道自己精明干练。这种人往往给人一种威胁感,被人提防,结果聪明反被聪明误。这种聪明实际上是小聪明。真正的智者,遇事算大不算小,处事低调,为人豁达,做事有节适度。外表看上去愚笨糊涂,实则内里心知肚明。外愚内智的人,工作、生活中能与人和谐相处,左右逢源。外愚内智是大聪明,是一种境界,但还不是大智若愚的境界。要做到大智若愚,一方面要"修",加强自己的内在修养,做到世事大彻大悟;另一方面要"练",事事参悟,以自己的参悟身体力行,最后做到"大智若愚,大巧若拙,大音希声,大象无形"。

【原文】

入世须才更须节,传家积德还积书。

【译注】

人步入社会需要才能更需要节操,家族世代相传除了积德行善,还要为子孙积累书籍,培养读书的习惯。

辑自徽州楹联。

【感悟】

一个好的家庭,除了勤以劳作,还 需要读书求学,更新知识。

【延伸阅读】

古之所谓豪杰之士,必有过人之节。(宋苏轼)

全节之所难,全晚节尤人之所难。(明薛萱)

高节人所重,虚心世所知。(唐张九龄)

清风高节,争光日月。(明沈德符)

临大节而不可夺也。(《论语》)

乐莫乐于返故乡,难莫难于全大节。(宋苏轼)

贞操与日月俱悬,孤芳随山壑共远。(南北朝沈约)

时穷节乃现,一一垂丹青。(宋文天祥)

【原文】

贫不卖书留子读,老犹栽竹与人看。

【译注】

即使贫穷也不能卖书,要把书留给儿孙读;老了还是要栽竹子,留给后人欣赏。

为人要为子孙着想,为后人着想。

辑自徽州楹联。

【感悟】

有书为伴,与竹为邻,就有了良好的养心与养生的内外环境。在这充满竞争、诱惑的时代,让我们不要远离书,要与"读"为伴,无论是心灵的抚慰、向上的励志,还是茶余饭后的谈资、闲情逸致的概览,与书共鸣,与作者沟通,书是我们的良师益友。

为什么许多文人雅士如此爱竹呢?

明王守仁说得很清楚："竹有君子之道四焉：中虚而静，通百有间，有君子之德。外坚而直，贯四时而柯叶无所改，有君子之操。应蛰而出，遇伏而隐，雨雪晦明，无所不宜，有君子之时。清风时至，玉声珊然，中采齐而协肆夏，揖逊俯仰，若洙泗群贤之交集；风止籁静，挺然特立，不挠不屈，若虞廷群后端冕正笏，而列于堂陛之侧，有君子之容。"（王守仁《君子亭记》）。

【延伸阅读】

有关家国书常读，无益身心事莫为。

天下良谋读与耕，世间善事忠和孝。

男儿欲逐平生态，无经勤向窗前读。

黄金非宝书为宝，万世皆空善不空。

日月两轮天地眼，读书万卷圣贤心。

得好友来如对月，有奇书读胜看花。

读书有三到，谓心到、眼到、口到。心不在此，则眼看不仔细，心眼既不专一，却只漫浪诵读，决不能记，久也不能久也。三到之中，心到最急，心既到矣，眼口岂不到乎？

读一本好书，就是和许多高尚的人谈话。

人的影响短暂而微弱，书的影响则广泛而深远。

书不仅是生活，而且是现在、过去和未来文化生活的源泉。

书籍把我们引入最美好的社会，使我们认识各个时代的伟大智者。

书是唯一不死的东西。

先读最好的书，否则你根本没有机会再去读了。

立身以立学为先，立学以读书为本。

读万卷书，行万里路。

黑发不知勤学早，白发方悔读书迟。

书卷多情似故人，晨昏忧乐每相亲。

书犹药也，善读之可以医愚。

少壮不努力，老大徒伤悲。

发奋识遍天下字，立志读尽人间书。

鸟欲高飞先振翅，人求上进先读书。

立志宜思真品格，读书须尽苦功夫。

熟读唐诗三百首，不会作诗也会吟。

书到用时方恨少，事非经过不知难。

旧书不厌百回读，熟读精思子自知。

书痴者文必工，艺痴者技必良。

读书百遍,其义自见。

奇文共欣赏,疑义相如析。

读书之法,在循序而渐进,熟读而精思。

【原文】

传家惟德业,寿世有文章。

【译注】

只有以德行传家,才能久远;书籍造福世人也使自己终身受益。

辑自徽州楹联。

【感悟】

道德传家,十代以上,耕读传家次之,诗书传家又次之,富贵传家,不过三代。清白传家,祖德流芳。昔时之人重视以"德"传家,今人不知"德"实乃奠定家庭幸福与社会安定的根基。

【延伸阅读】

古代圣贤有很多哲言,如孔子曰:"大德者大寿";孟子曰:"仁者寿",其内涵也就是多积德,心理平衡,心态舒畅,六脉调和,自然少病进而长寿,但其核心二字是养心。"养心莫如静心,静心莫如读书。"多读好书,等于同许多高尚的人谈话,从书中汲取的营养和力量,可以填补精神上的空缺,澄清生存上的迷惘,帮助人们祛除烦恼、净化心灵、活跃生机,此良药更能减轻心理上的痛楚和身体的疲惫。"脑为元神之府",健脑全神是健康长寿的根本。读书能够保持大脑智能旺盛,延缓大脑衰老,经常读书用脑的人,思想敏锐开阔,精神乐观洒脱,心理保持平衡,这样可以促进身心健康,从而达到益寿延年。

【原文】

竹解心虚学然后知不足，山由篑进为则必要其成。

【译注】

竹子可以让人学会谦虚，学习然后知道自己的不足之处；山是由土一点点堆积成的，做就要相信能成功。

唐代大诗人白居易赞竹曰："竹解心虚即我师"。竹子空心，古人理解为虚心，将其上升为一种高尚的品格。

辑自歙县雄村清朝"代君三日"宰相曹振镛的私家书院竹山书院楹联。

【感悟】

徽商儒学之盛，使得许多徽商受过儒学教育，掌握了一定文化知识，这对开展商业活动是非常有利的，有助于商业活动中分析市场形势，分析自然与社会诸因素对供求关系的影响，从而不失时机地做出正确判断，以获得厚利。同时，随着商业活动规模的不断扩大、同行业交往日益密切，这又需要一定的管理和组织才能，使得这些有文化的商人能在商业活动中大显身手。

【故事链接】

清初，曹氏为盐商，至曹堇饴时，已成豪富。曹堇饴死后两子于竹溪建文阁，创书院，修社祠，筑园庭。儿遵父命，于乾隆初着手筹建竹山书院，历十余年乃成。与书院隔江相对的半山腰中，掩映着一座叫"慈光庵"的古刹，诉说着一个姐弟劝学的感人故事。曹文埴的儿子曹振镛，幼时顽劣异常，无心读书，其姐苦心规劝说："你不用心读书，将来如何登堂入仕，承继父业?"曹振镛夸下海口："他日我定为官，且胜吾父。"姐姐有意激他："你若为官，我当出家为尼。"曹振镛从此刻苦攻读，果然不负姐姐所望，考取了进士，官至军机大臣，权倾朝野，留下"宰相朝朝有，代君三月无"的佳话。于是姐姐不食其言，坚持要出家，曹振镛苦劝无效，又怕姐姐在千里之外孤苦伶仃，只得借当地俚语"隔河千里远"之意，在新安江对岸建了一座尼庵供其姐修行。

【延伸阅读】

以竹的"心虚"品格为师,内心空明而无成见或谦虚而不自满,这种品格堪为人们治学、待人之师。

【原文】

> 志欲光前唯是读书教子,心存裕后莫如勤俭持家。

【译注】

有志于为祖先增光添彩,只有多读书、善教子;想要为后代子孙带来福分,就要勤俭持家。

辑自徽州楹联。

【感悟】

给子孙无限溺爱,才会有大量"啃老族"的出现;给子孙留下权力高于一切的理念,才会有"我爸是……"的骄横;给子孙留下"名人效应",才会有"谁敢打110"的跋扈。正所谓,开什么花结什么果。给孩子留下什么,需要现代人反思。

《战国策》里有句名言:"父母之爱子,则为之计深远。"教给子孙正正派派做人的道理、老老实实谋生的本领,这是最好的馈赠。"造财不如造才"、"留钱莫若留贤",这样的思想被历代的开明之士所信奉。林则徐说过:"子孙若如我,留钱做什么?贤而多财,则损其志;子孙不如我,留钱做什么?愚而多财,益增其过。"给子孙留下什么,的确是一门学问,值得天下为父母者深思。

【延伸阅读】

"我的脑海里忽然闪出一幅神异的图画来:深蓝的天空中挂着一轮金黄的圆月,下面是海边的沙地,都种着一望无际的碧绿的西瓜。其间有一个十一二岁的少年,项带银圈,手捏一柄钢叉……"这便是鲁迅先生记忆中自己美丽而神奇的家乡。其实,人人都有自己美丽而神奇的家乡,人人都应该热爱自己的家乡。不论是小民百姓,或是影星、歌星、球星,还是位高权重的官员,即使是一代枭雄蒋介石,临死也都盼着葬回家乡能"与先人同在"(蒋经国语)。"狐死首丘。"何况有血、有肉、有灵魂、有情感的人类?

可是,怎么看,这都像在讲遥远年代的故事。与当今社会大不合拍,甚至风马牛不相及。当今社会,农村年轻一代忙着走向城市,成为城市"流民",宁愿在城市的边缘行走。影星、歌星、球星功成名就,不是忙着衣锦还乡、光宗耀祖,就是忙着改投国门、改换国籍。官员、富商忙着把家眷、儿女送往异国他乡,贪官更是把生他养他的家乡、抚他育他的家国当成被他咀嚼过、吸吮过的槟榔渣,唾之于地,还要踩上一脚!! 乡村、城市去本土化、去民俗化,街道名、人名去中国化,饮食、整容、游戏西洋化、韩化……"家乡"、"家国"是多么让人倍感亲切温馨的字眼! 而没有"家乡"、"家国"的民族将是多么悲哀的民族! 就像历史上的犹太民族。可是,祖先开拓,付出无数血汗、付出无数生命创造出来的"家乡"、"家国",祖先灵魂的栖息地,在当代人的头脑中已经渐行渐远。

【原文】

处事无他莫若为善,传家有道还是读书。

【译注】

做人处事以行善为最高标准,传承家风最好的方法还是读书。

辑自徽州楹联。

【感悟】

人生要多一些善念。善念从心开始,我们都是凡人,不是圣人,难免有杂念,但是人生很短暂,就让我们多存一些善念吧,以善良之心待人,以善良之心做事,追求善果。善念、善思、善言、善行,会让我们拥有更美好的明天!

【延伸阅读】

人类从刀耕火种、茹毛饮血的蛮荒年代开始,就生生不息地生活在地球上。造物主给了世界充足的阳光、雨露和清泉,肥沃的土地上,长出丰富的五谷杂粮、瓜果蔬菜,还有各种鱼虾、飞禽走兽,供我们生存享用。有了发明创造,人类才真正让这个世界越来越美丽、文明,体现了万物之灵的灵性。然而,只知索取、不计后果的人类,在轰轰烈烈开发利用地球的同时,肆无忌惮地向空中大量排放有害气体,严重破坏了地球表面的臭氧层,从而导致全球气候逐渐变暖,极地冰川融化,海平面上升。暴雨、暴雪、沙尘暴和长达几个月的持续干旱,这些极端天气越来越猖獗。地震、海啸以及洪涝灾害开始和人争夺生存空间。2009 年的北方沙尘暴前锋,越过了台湾海峡,也直逼了江西。仅去年一年,全球近 30 万人在各种自然灾害中丧生。2010 年新年伊始,美国各地的鱼类、鸟类成千上万的群体死亡,更是触目惊心。大自然给人类敲响了振聋发聩的警钟。在人类有历史记载的上下 5000 年中,科学是不够发达,人们的生活水平是不能和现代人相提并论。但那时人与自然的相处是相当的和谐融洽。孕育过“两个黄鹂鸣翠柳,一行白鹭上青天”、“落霞与孤鹜齐飞,秋水共长天一色”的诗情画意。而工业革命才仅仅 200 多年,200 多年弹指一挥间,地球就到了这么积重难返的地步。是的,我们可以骄傲的自诩,我们创造了一个前所未有的现代文明和极大丰富的物质财富。然而我们却为后人留下了一个恶劣的生存环境与一个能源枯竭、岌岌可危的地球。我们的子孙后代,还是要在地球上一代接一代的生存的呀!我们可以发展慢一点,给地球一个休养生息、恢复体力的机会;我们可以过得清苦一点,却活得轻松快乐、心安理得一些。也为子孙后代留下和煦的春风、明媚的阳光、清新的空气和环保的日用品以及更多的资源。这样不好吗?

【原文】

经史作良田子种孙耕无歉岁,文章传旧业笔花墨雨有丰年。

【译注】

笔花墨雨:形象的说法,意指后代读书明礼继承先辈德业。

子孙常读经典史籍,获得谋生的能力就不会挨饿;后代读书明礼继承先祖遗训则就会家庭殷实。

治家金言

辑自徽州楹联。

【感悟】

书为至宝一生用,心作良田万世耕。以心为田,种下善良的种子,收获的是一颗品行高尚的灵魂。人的心、思想、感情、灵魂、心态、意识,是一方土地,需要终生耕耘、劳作、管理、除草、灭虫、浇水、施肥,只有这样,才能有个好收成,如若不然,势必会荒芜,甚至颗粒无收,说不定还会长出毒草和毒菌。心作良田,万世耕耘,辛勤劳作,决不让它荒芜,更不让它长出毒菌。

【延伸阅读】

借助西方的文化体系作参照,"史"就是中国历代以时间为顺序发生的人和事的记录,而"经"则是在特定的历史时空中特定人物的思想和言论的汇集。由此可见,"经"实际上对应于西方文化中的思想和哲学层次,在这方面,中国文化与西方文化相比是发祥较早的。相传史前的伏羲大帝受洛河传书的启发将易图推演成八卦,后来周文王被纣王囚禁在羑里时,在伏羲和仓颉造字的基础上,将八卦重为六十四卦,并发愤著作《卦辞》,加上缔造周代文化黄金时代的周公所作的《爻辞》,从此开创了中华文明的先河。到了孔子时代,作《十翼》,《易经》作为一本哲学著作最终成书。伏羲因此被后世尊为文化神,《易经》也因其囊括天地、吞吐宇宙、博大精深而被推崇为众经之首。到了春秋战国时期,中国的思想界、学术界和文化界呈现出百花齐放、百家争鸣的繁荣、活跃景象,在《易经》的基础上,产生了对后世影响极其深远的诸子百家,经学及经学研究由此形成。中西文化各有所长,可以互补,不能说谁优谁劣,中国文化是一种本源性文化,可说是现代科学文明和工具文明的摇篮,西方文化长于逻辑和思辨,由此发展出来的是一种定量文化和方法论文化,讲求的是精密和准确,但在宇宙观和世界观方面,中国的经史文化具有天然的优势,可以帮助人们用一种全局的视野和观点来观察、把握事物的整体和未来,对于规划国家发展战略、制定政府宏观政策、企业进行经营决策以及个人运营人生、处理周围关系和决策各种重大问题等都将会大有裨益。相信,这就是学习"经"、"史"的妙处。

【原文】

书即良田何必嫌无厚产，仁为安宅由来自有亨衢。

【译注】

把书作为良田又何必不满意家里没有丰厚的财产呢？以仁爱立家，就会通达顺畅，仁义待人比建造高堂大屋更能安家。

书自然就是丰厚的财产，知识学问就是传世的良田厚产。

辑自徽州楹联。

【感悟】

与书交友，成为书的朋友，就有书的厚重、博大、谦逊和善美，养浩然之气。只要心存仁爱之心，淡泊明志，志存高远，居家都用不着华丽的厅堂。书犹如良田，勤耕耘可以使人成人成才。所以有书传世就不要说没有丰厚遗产，因为精神财富更为可贵，它也可以变为物质财富。

【延伸阅读】

孟子说："自己糟蹋自己的人，他没有什么好说的；自己抛弃自己的人，他不可能有所作为。出言诋毁礼义，叫做自己糟蹋自己，自认为不能居仁心、行正义，叫做自己抛弃自己。仁，是人最安适的精神家园；义，是人最正确的光明大道。把安适的家园空起来不住，把正确的大道舍弃在一边不走，这真是悲哀啊！"

【原文】

两脚奔波走遍东南西北，一心耕读不分春夏秋冬。

治家金言

【译注】

徽商对事业的执着和专注，在中国商业史上可以说是相当罕见的。许多人离家别妻，一年到头奔波于外。他们在商海中的打拼往往一直到老才罢休。按照徽商的风俗，经商期间，经营者一般每年回家探亲一次，那些离家远的三四年才能够回家与父母妻儿团聚一次。探视之后，他们又要出门继续经营生意。

辑自徽州楹联。

【感悟】

成功源于不懈怠。人的一生不仅要有目标，而且还要不断达到目标，每一天都要更积极、更努力。请抬起头，抓住今天的每分每秒，在自己的岗位上做好自己的事情，这就是成功，这就是生活。

【故事链接】

清代婺源有一位詹姓商人，他在儿子出生几个月后就离家出外经商，结果一别就是 17 年。儿子长大后决心追寻当年父亲的踪迹，把父亲给找回来。于是儿子深入四川、云南等山区，又遍寻湖北等地，最终把父亲给找到，父子相携而归。歙县程世铎，6 岁便随父亲出外经商，直到 27 岁才辗转回家。虽然如此年复一年地在外操劳，黑发出门白发回，但他们依然无怨无悔。所以有人说，徽商"出至 10 年、20 年、30 年不归，归则孙娶媳妇而子或不识其父"。徽州商人一生无怨无悔投身于商业经营的行为，充分体现了他们的敬业精神。徽商的敬业精神不仅仅表现在徽商个人的一生无悔投入商业的行为上，更体现在商人家族对商业世代不懈、前赴后继的执着和追求。

【延伸阅读】

能吃苦方为有志之士。假如你今天不辛苦，明天就会辛苦，你想明天幸福，现在就要辛苦。

【原文】

克己最严须从难处去克，为善以恒勿以小而不为。

【译注】

约束自己是最难做到的，所以更应该从最难做到的事情做起；行善要持之以恒，不要以为是小善就不做了。

辑自宏村乐叙堂楹联。

【感悟】

克制自己的私欲，严格要求自己虽然很难，却是每一个成功者必须具备的道德品质。一个追求自我道德完善的人，时时事事都不能忘了"克己"的古训。

【故事链接】

徽州人从小就受到"终生行善"的教育。婺源俞钧，刚成年就带着筹集来的资金去广东经商，同船路上有位客商遗失了做生意的本钱，急得号啕大哭欲跳江自尽，俞钧好言劝慰的同时，将自己的银子悄悄塞在其床下说："你看那床下的钱是不是你的，如果不是你的，那就是刚才下船的人拿错了"。失银的商人虽然没找到自己的银子，但总算没有什么损失。后来几个小偷因为分赃不匀而斗殴，那位失银的客商才明白真相。然而，俞钧已经中途下船不知去向了。一年后，失银客商千方百计找到俞钧，跪地感谢。徽州商人心地善良、乐于助人的美名便在广东一带广为流传。

【延伸阅读】

一个人做一件好事并不难，而要想一辈子努力做好事不做坏事，就要注意"勿以善小而不为，勿以恶小而为之"。

治家金言

【原文】

清以自修诚以自勉,敬而不怠满而不盈。

【译注】

以清白做人修养自己德性,以诚实做事勉励自己;对人尊敬不轻慢,对事谨慎不懈怠,内心充实而不自满。

辑自徽州楹联。

【感悟】

在所有的徽州建筑陈设中,几乎都能看到这样的摆设:客厅的供桌上右边一个花瓶,左边一面镜子,中间一口钟。钟声瓶镜,寓意"终生平静"。以终生平静的处世哲学为人生目标,看似保守,却蕴藏着源源不息的文明力量。

【延伸阅读】

我们常说,修身才能养性,而"身"是指身体的外在器官和内在的气质。外在的东西,练起来简单,做起来也容易,但是内在的气质包含的内容太多,做起来则非常困难。原因很简单,我们都是一个个的肉体凡身,周围充满着灵与肉的诱惑,内心装有七情六欲的负担,想要抛开一切做到无我无物,几乎不可能,我们虽不能像神仙那样广结善缘、博爱天下,但我们至少能做到平平淡淡、心安理得。

我们会碰到各种各样的烦恼,亲人间的不和睦、朋友间的猜疑、同事间的摩擦……如果我们的心境宽阔一点,对鸡毛蒜皮的小事不做计较,只是微微一笑而过,那么你的周围会是一片和谐安详,你的心情就会欢心舒畅。反之,则是横眉立目、剑拔弩张,更有甚者大打出手,血溅当场,换回来的只有后悔和病伤,打乱了你平静的生活,搅乱了你的身心将康,得不偿失。

自修,不仅有益身心健康,更能提高自身的气质,培养平静的心态,增强自己的信心,开阔视野,保持清醒的头脑。自修,能改变一个人的价值观和人生观;自修,会增加更多的和睦的家庭;自修,更是和谐社会的必要因素。借时下最流行的一句经典话语"心里阳光一点",敞开你的心扉,微笑着面对生活,那么你的世界就会是蓝天白云、碧水青山、笙歌悠扬、欢乐无限。

【原文】

修厥德自求多福,慎乃俭惟怀永图。

【译注】

自己修持品德比求助他人会得到更多的幸福,胸怀大志、勤俭节约是长久之计。

辑自徽州楹联。

【感悟】

《孟子·公孙丑上》说得好:"祸福无不自己求之者。诗云:永言配命,自求多福。太甲曰:天作孽犹可违,自作孽不可活。此之谓也。"这就说明,儒教相信主体的力量与自由是决定自身一切的,命运永远只能由主体自身来安排、来主宰。由于"祸福无不自己求之者",所以有了福,自己用不着感谢任何人,也用不着感谢天和地,只需感谢自己就够了;同样,有了祸,自己用不着责怪任何人,也用不着责怪天和地,只需责怪自己就够了(当然,意料之外的天灾人祸是另一回事)。

【延伸阅读】

成败由己:《中庸》说:"诚者,自诚也,而道,自道也";"凡事预则立,不预则废。言前定则不跆;事前定则不困;行前定则不疚;道前定则不穷"等,也都是讲的成败由己的道理。即在学业上、事业上是否有所成就,全由自己来决定,是用不着去感谢别人或责怪别人的。

富贵由己:《大学》说得好:"仁者以财发身,不仁者以身发财"——仁义之人能通过财富争取民众,不仁不义之辈则依靠丧失民心的做法增殖财富。对"富贵由己"这一点体会得最深刻也最令人肃然起敬的,当首推孔子那一句名言:"不义而富且贵,于我如浮云"!(《论语·述而》)

祸福由己:《大学》所言:"一家仁,一国兴仁;一家让,一国兴让;一人贪戾,一国作乱;其机如此";"好人之所恶,恶人之所好,是谓拂人之性,灾必逮夫身"。《中庸》所言:"愚而好自用,贱而好自专,生乎今之世,反古之道,如此者,灾及其身者也",等等,都是讲的祸福由己的道理——所谓"皇恩浩荡",见鬼去吧!

【原文】

学以精微通广大，家从勤俭定平安。

【译注】

学习使自己的知识达到广博而深入精微，家庭的平安和谐从勤于劳作、生活俭朴开始。

《中庸》有学习五阶段论思想，即把学习分为学、问、思、辨、行五个阶段，五个方面是一脉相承、相互启发、相互支持的，日积月累，所见越发精深、践履越发牢固。

辑自徽州楹联。

【感悟】

韩愈说过："贪多务得，细大不捐"，意即学业的精深要以广博的掌握和深度的积累为基础，一定要博览群书务求有所得，要兼收并蓄。中国近代学界的泰山北斗，在治学气象上可分为两派，一为博大派，一为精深派。晚清的梁启超和章太炎是两派的代表人物，各领风骚。梁启超知识渊博、思维敏捷、治学勤奋，他在人文社会科学领域中，几乎没有未涉及的领域。他的上千万字著作有气吞山河之势，就像一部百科全书。其后有郭沫若等人绍其余绪，以才华横溢、一日万言的气象称誉于世。

章太炎追求深邃，且看他的一部代表作《訄书》，被反反复复地修改了数次，可谓精雕细琢，其中填进了许多生癖字和奇涩的典故，使人望而生畏。博大也罢，精深也罢，都无可厚非。各人皆可根据自己的兴趣和素养选择治学之路，要紧的是给社会、给学界贡献了多少有分量的东西，这才是衡量学者的唯一标准。当然，博大与精深也不是决然分开的。大凡学界巨擘，博大不失精深，精深寓含博大，谓其博大或专深，只是相对而言。

【延伸阅读】

《中庸》说："故君子尊德性而道问学，致广大而尽精微，极高明而道中庸，温故而知新，敦厚以崇礼。"意思是说，君子既要尊重德性，又要讲求学问；既要充实广大，又要穷尽精微；既要有高明的理想，又要有合于中庸的行为；既要熟悉旧的知识,又要不断认识新的事物;既要笃实厚道,又要娴习礼仪。这两条途径是相依并进,相辅相成的。

【原文】

> 欲高门第须为善,要好儿孙必读书。

【译注】

要想家族显贵就要做善事,要想儿孙贤能就必须多读书。
辑自徽州楹联。

【感悟】

要想得到社会的认可,达到理想的社会地位,取决于你对社会作出多大的贡献。但这与财富和权力并不画等号,你虽然今天手握大权、腰缠万贯,但却无法改变时间和空间对你的制约。如果你只顾自己享乐或者拔一毛利天下而不为,也许在明天、在若干年后,人们会将你忘得干干净净。

【故事链接】

历史上,许许多多徽州商人对慈善事业极其重视,他们在自身温饱问题解决后,把剩余的钱大都用来资助社会公益事业。黟县渔亭有位杨乃贤,经过多年打拼有了一些产业,看到渔亭河上架设的木桥常常被洪水冲垮,便想在河上架设一座石桥,于是把所有的流动资金都集中起来用以建桥。桥未完工他却因劳累过度英年早逝,儿子受他影响,继续父亲未竟的事业,终因财力有限,桥成之日,竟是他破产之时,即使这样,他依然无怨无悔。

在灿若繁星的徽商中,杨乃贤父子充其量也只能算是个中产阶级,能舍家建桥,不能不说是一种崇高的境界。如今,走在那坚固、宽敞的石桥上,听着人们讲述那久远的故事,眼前立刻会出现两派的清癯的身影。杨乃贤父子的名字,也随之深深印入后人的脑海之中。而与其同时代的许多商人,或财力相当或比他们

父子更富有,却鲜为人知。

【延伸阅读】

若想要子孙后代贤能,则不仅要注意培养他们爱学习,而且,作为父母的也必须不断学习。这里的"必"应该理解为同时对父母和子女提出的要求,父母能静下心来读书,子女受其影响,也会积极上进;父母心气浮躁,迷恋灯红酒绿、声色犬马,子女也会放纵自己,而且常常是有过之而无不及。

【原文】

世事让三分天空海阔,心田存一点子种孙耕。

【译注】

遇事退让三分就有宽阔的余地,心中多一点善心就能使得子孙受益无穷。

辑自徽州楹联。

【感悟】

避让开世间尘俗之事,让思想达到一个自由驰骋的更高境界;修身养性,藏存仁义、忠孝种子,哪怕只是一丁点,也能让后辈儿孙从中受到裨益,并且世代耕种之,使心头藏存的一点得以发扬光大。待人接物须宽厚忍让,积德行善将庇荫后代。

【延伸阅读】

活得糊涂的人,容易幸福;活得清醒的人,容易烦恼。这是因为,清醒的人看得太真切,一较真,生活中便烦恼遍地;而糊涂的人,计较得少,虽然活得简单粗糙,却因此觅得了人生的大滋味。

【原文】

立业立德待人接物存仁恕，亦商亦儒处世传家以信诚。

【译注】

以仁爱宽容之心待人接物、树立德业、建立事业，无论是经商读书还是为人处世、操持家务都要立足诚信。

辑自徽州楹联。

【感悟】

立业先立德，做事先做人，做任何事情，都是从学做人开始，一个不会做人的人，永远不会完成任何崇高的理想与事业，待人接物都要心存仁义和宽恕他人的美德。不管是经商还是读书或做任何事都讲究诚信。人无诚信难立身，国无法治难太平。

【延伸阅读】

与其他商帮显著不同的是，徽商"贾而好儒"、"贾儒结合"。徽商的成功，除独特的经营方式和较好的商业道德外，善于吸收和利用儒家文化也是一个重要原因。作为一个整体文化素质较高的商帮，徽商大多自觉用儒学思想来规范自己的经营活动，讲究义利之道和诚信商德。他们大多在致富后重视文化，捐资兴学，刻书藏书，培养子弟读书入仕。自明清以来，徽商创造了商业的繁荣和文化的成就，树立了一代儒商的形象。明清时期，社会意识普遍轻商，商贾居四民之末。但徽商没有对传统的价值观采取简单的否定态度，而是加以改造、变通、融合，使儒家文化为自己的商业发展服务。徽商借用儒家文化中的"功名"二字，认为经商和读书一样也是功名，同样是人生的正途。新的价值观鼓励着徽商理直气壮地去参与竞争，去争取事业的成功。徽商所创造的大量财富，成为徽州文化发展的重要基础。明清两朝的徽州馆塾、斋舍、书院大多是由商人出资兴建或重修的。尤其是文化层次和管理水平较高的书院，其规模和数量都大大超过往昔。徽商更重视培养子弟"业儒"。歙县鲍柏庭说："富而教不可缓也，徒积资财何益乎。"明清两朝，徽州出生的名儒名宦很多，如汪道昆、戴震、王茂荫等人均是商人的后代。

治家金言

【原文】

得山水情其人多寿，饶诗书气有子必贤。

【译注】

顺应山水天性、亲近山水的人健康长寿，家庭有浓厚的诗书气氛，其子弟必然贤良。

辑自徽州楹联。

【感悟】

人类要生存延续，并要获得遨游山水的仁智之乐，就应顺应自然，得山水之性，感受人与自然的亲和，享受环境养生。从延年益寿角度讲，走进大自然，置身青山秀水之间，欣赏大自然的风光，品味美好人生，开阔眼界，舒畅情志，荡涤胸中块垒，增添生命活力。

【故事链接】

贾而好儒是徽商的重要特色。尽管徽商注重功利，追求钱财，但在实践中深深感到文化的重要，加上传统文化根深蒂固的影响，当钱财的欲望得到满足后，培养子孙读书做官就成了他们的追求。为此，重教在徽商中蔚为风气。他们在致富以后，总是怀着"富而教不可缓也"的迫切心情，延师课子，让儿孙们读诗书、就儒业。如明休宁汪文璧，少有大志，经商的父亲专为他"延名士为师"。歙县许晴川也是"五子咸延名师为训"。鲍雯不惜重金延揽名师、购买书籍教育子弟，并说："富而教不可缓也，积赀财何益乎？"徽商对子弟寄予厚望，有的晚年干脆弃去贾业，专意课督诸子，见"所业进，则加一饭；所业退，则减一饭"，其望子成才之迫切心情可见一斑。

【延伸阅读】

胸无春秋志难远，腹有诗书气自华。（宋苏东坡）

【原文】

教子有遗经诗书易春秋礼记，传家无别业解会状榜眼探花。

【译注】

诗书易春秋礼记：儒家经典，即《周易》、《尚书》、《诗经》、《礼记》、《春秋》。 解会状榜眼探花：科举考试始于隋，确立于唐，完备于宋。明清时期，殿试的一、二、三名合称"三鼎甲"，分别为状元、榜眼、探花。明清科举制度分为乡试、会试和殿试，乡试为省一级考试，考试合格者为举人，第一名为解元；会试是举人在京城参加的全国统一考试，考试合格者为进士，第一名为会元；殿试是由皇帝亲自主持的进士考试，第一名叫状元，明代称会试第一为会元，二三甲第一为传胪，至清则专称二甲第一名为传胪，即儒童，也叫文章。明清两代凡习举业的读书人，在没有通过考试取得生员（秀才）资格以前，不论年龄老少，均称童生。科举考试中，"连中三元"者（即解元、会元、状元）最是难得。祖籍泉州的状元王曾即为"三元"及第，他曾两度拜相，逝后，帝王为他停止朝会两天。

教育子孙后代有先辈传下来的《四书》《五经》，家庭传承兴旺没有别的办法，只有让子孙通过读书获取功名。

辑自宝纶阁对联。（宝纶阁位于徽州区呈坎村，是安徽省迄今保留明代彩画及祠堂最完整的一组家庙建筑）

【感悟】

处在社会底层的贫寒子弟向上流动与升迁的唯一机会或者机制就是通过读书获取功名，进入官僚体系，最终名利双收，做"人上人"。正是这样，才有了所谓"十年寒窗"、"吃得苦中苦，方为人上人"、"人生三大幸事——洞房花烛夜、金榜题名时、他乡遇故知"之类人生成功经验之谈，才有如范进中举后发疯、姑妈嫌贫爱富、前倨后恭之珍珠塔等辛酸故事的民间流传。

在当代中国，尽管社会发展多元化，人的价值也日益多元化，但社会流动的机制仍然不畅通，尤其是往上流动的通道仍然缺乏。贫寒子弟通过读书来改变自身命运的状况,仍然是当今社会无论是农村还是城市的孩子的最主要手段。可是,当下社会"农家子弟上大学的越来越少了",这一现象背后是"读书无用论"滋长的现实以及这一现实所折射的农民代与代之间身份锁定规律的担忧。

【故事链接】

徽人的祖先多是来自中原世家宗族的遗民,他们迁到徽州后,为了自身的生存和发展,依然聚族而居,保持着在宗法制度影响下形成的世家风气;加上徽州四塞之地的特殊环境,逐渐成为后来衰退了的昔日中原家族文化的典型和标本。徽州素有"东南邹鲁"、"程朱阙里"的称号;朱熹本人更是地道的徽州世家出身,因此,程朱理学又称为"新安理学"。徽州与理学这种得天独厚的关系极大地增强了徽州士人的凝聚力和自觉感。自朱子之后,徽州士人多明义理,读朱子之书、服朱子之教、秉朱子之礼成为徽州士人修身、齐家的一个共同的文化情结。徽州文化世家大都建立在发达的商业经济基础之上。明清两朝徽州出身的名儒名宦,如许国、金声、潘珏、戴震、汪道昆、王茂荫等均是商人的后代。可以说没有徽商的经济支撑,就没有徽州的文化世家,也就没有今天的徽学。

【延伸阅读】

①人遗子,金满籝,我教子,惟一经(《三字经》):别人留给子孙金银满盆,我教育子孙只要一部经就可以让子孙能够金银满盆。

②读书之"三境界":读书的最高境界当是生活化、修养化与道德化价值层面的解读。读书的生活化与修养化价值的解读表现在通过读书来陶冶情操、修身养性、开阔视野。清末民(国)初,大学者王国维老先生论大事业、大学问的"三境界说"套用在知识的生活化、修养化与道德化价值的解读方面完全适用:古今之成大事业、大学问者,必经过三种之境界——"昨夜西风凋碧树。独上高楼,望尽天涯路"(晏殊《鹊踏枝》),此第一境也;"衣带渐宽终不悔,为伊消得人憔悴"(欧阳修《蝶恋花》,柳永《凤栖梧》亦见),此第二境也;"众里寻他千百度,回头蓦见,那人正在灯火阑珊处"(辛弃疾《清玉案》),此第三境也。"不可一日不读书",要通过读书养成独立思考的精神。

(复旦大学唐亚林教授谈读书)

孝悌伦常

【原文】

前人种，后人收，各为儿孙积福；屏峰高、笔峰秀，由来山水钟奇。

【译注】

前人为后人造福，上辈的人有德行，后辈的人会受到恩惠；

屏峰高耸笔峰秀丽，一直以来山川钟灵毓秀。

辑自婺源江湘岚峰青题家祠翕和堂众厅联。

【感悟】

谁说有一颗善良的心，仅仅是为了自己心态的平和？有一颗善良的心，它发出的光泽，还会温暖自己的家人、自己的下一代。前人种下善良，后人会收获到因此结的善果。

父母积财不积德，儿孙焉有儿孙福？

积德儿孙福，慈悲育贤良。

【故事链接】

胡贯三祖孙五代是西递徽商的佼佼者，也是徽、儒、官"三商"融为一体的典型代表。胡贯三号称江南六大巨富之一，官封正三品，通仪大夫，经商数十年，号称拥有"七条半街"店铺、"三十六典当"资产，一生最讲究商德和修养；他主张"以诚待人、以信处事、以义取利"的商德；他颂扬"以善为本，以和为贵，以德为基"12字的人生哲学；他重视"以商从文、以文入仕、以仕保商"的人生途径。他出生于重礼学、敦礼教的家庭，继承祖先遗训，崇文尚义，造福桑梓，恤灾扶困，福及乡党，被誉为"明经胡氏诗礼孝义人家"。据方志、族谱记载，胡贯三之祖父丙培公曾捐资修建西递至石山两个自然村近4公里的青石板路和外六都的横岗凤凰桥；胡贯三的父亲应海公（官封正三品，通义大夫）和叔父应鸿公除共同捐资村前村后的修桥铺路外，还在乾隆初期重建了村口的梧赓桥。胡贯三继承父祖遗风，乐善好施，除了捐资修建长268米、16个洞孔的歙县太平桥和休宁齐云山登封桥以及黟县渔亭普济桥外，还带头捐助重资倡建了黟县碧阳书院和西递村口的明经胡氏始祖昌翼公的明经祠,修造了休、祁、黟三县9处大路80公里。胡贯三有三子一女,长子尚增,字如川,官至从二品,除了捐造西递村口的魁星楼、文昌阁和潭口村的癸酉桥外,还继承父志偕同二弟尚焘捐银1.5万两,两次扩建黟县碧阳书院和县城的东岳庙。

【延伸阅读】

　　中国历史上最富贵的几大家族的子孙都富不过三代,大多富不过二代,而曾国藩家族、范仲淹家族、林则徐家族等由于积德不积财,家族绵延兴旺之今不衰,这启示大家正确的保存财富之法是散财积德,子孙才能兴旺,这才是正确的保富之方。

【原文】

> 仁厚刻薄,是寿夭关;谦益满盈,是祸福关;勤俭奢侈,是贫富关;卑污高洁,是贵贱关。一念存心凭我择;砭愚牖明,自读书始;保世昌后,自积善始;怡情适性,自知足始;远害弭患,自忍乞始。昔贤遗训系人思。

【译注】

　　砭:规劝,指出人的过错,劝人改正。　牖:窗户,喻带来光明,给人启迪。　弭患:消除祸患。

　　待人处事是仁爱宽厚还是挑剔无情决定了人寿命长短;谦虚就会得到好处,自满就会有所损失,这都跟祸福相关;勤于劳作而生活俭朴可以致富,挥霍浪费钱财、过分追求享受可以让人富了也转而贫穷;卑鄙龌龊与高尚纯洁决定了你是受人尊重还是受人鄙视。这些截然相反的品行一念之间要靠自己去斟酌选择;走出愚昧混沌从读书开始;保持家族代代相传,子孙后代兴盛要从累积善行开始;要使心情舒畅愉快从自知满足、不作过分企求开始;远离灾害、消除祸患从忍让开始;古代圣贤留下的这些有意义的话语值得我们深思。

辑自婺源思本堂祠厅联。

【感悟】

仁厚还是刻薄，决定人缘之好坏；谦虚还是骄傲，决定人生之祸福；勤劳还是懒惰，决定人生之贫富；节制还是放纵，决定生命之长短。

仁德是获得信用的基础，你所说的话能按时兑现，那么，你所做的事才有分寸。只有把握仁德这个主题，就能使人产生诚信。

仁厚、仁德能使人获得尊重，我们和人相处，谦虚恭敬，必定能获得对方的尊重。所谓敬人者，人恒敬之，爱人者，人恒爱之。我对他人谦虚恭敬，他人必定也会对我以礼相待。

一个人要想令人敬重，必具有仁德之心，慈悲之念；能够待人慈悲仁厚，不但令人仰望，而且自己的道德人格也会得到升华，所以对人仁慈，能令自己高贵。

【故事链接】

在大量的徽商传记里，我们往往可以看到徽商把诚信看作经商策略的话语。清道光年间，黟县舒遵刚说："生财有大道，以义为利，不以利为利"。他还说："钱，泉也，如流泉然。有源斯有流。今之以狡诈生财者，自塞其源也。今之吝惜而不肯用财者，与夫奢侈而滥用财者，皆自竭其流也……因义而用财，岂徒不竭其流而已，抑且有以裕其源，即所谓之大道也。"在这里，他是用"义利"的概念来阐发其观点的。义，当然包括诚信。在舒遵刚看来，义其实就是利之源。钱财总有其来源，狡诈生财，就自己堵塞住其来源；而奢侈和滥用钱财，则是"自竭其流"。因此，因义生财，实际上是让源头丰裕，这样去经商，才算是懂得了"大道"。

【延伸阅读】

人品以正直为贵，心地以善良为贵，修德以布施为贵，敬老以孝顺为贵，
情感以真挚为贵，性格以和善为贵，待人以诚恳为贵，处事以谦让为贵，
学问以通达为贵，技艺以专精为贵，言语以简明为贵，行动以稳健为贵，
富裕以质朴为贵，贫穷以志节为贵，衣饰以得体为贵，饮食以素淡为贵。

【原文】

贻厥孙谋有典有则,绳其祖武是训是行。

【译注】

贻厥(yí jué):留传,遗留。 典:法则。 则:准则。 绳:继承。指有法可供依据的准则或法度。谓为子孙的将来作好安排。 武:足迹。

依祖先的足迹继续走下去,是教诲也是品行操守和行为。

辑自徽州婺源思本堂楼厅联。

【感悟】

学无成见,融诸子百贤为一家之言;行唯德先,师三皇五帝表万世子孙。

圣人之训,唯德是行。

破除潜规陋习,创造公平公正、活力有序的社会环境,让守规矩的人不吃亏,让有本事的人有奔头,各尽其能地追求和创造属于自己的幸福生活。

【延伸阅读】

在当今中国社会转型时期,官方规则和江湖规则并行的现象非常普遍,几乎让人觉得,中国就是一个江湖。一个社会,两套语言,许多官方人士在官方说官方语言,出了官方的会场,开口就是江湖语言,而且,当今许多中国人对官方规则的轻蔑并不亚于其对江湖的亲近。甚至一些知识分子"渴望堕落",也确有自称流氓的人红极一时,描写江湖的文学作品成为赚钱最多的商品。很明显,这是我们的社会病态的标志。

我们病态的根子在潜规则上。潜规则维持的"正常"表面强大,实际异常脆弱,仿佛海啸来临前的度假胜地、地震发生前的宁静夜晚。有没有病,关键在于界限,也就是规矩。中国人现在的病不在于没有规矩,而在于不守规矩、不怕规矩。更确切地说,我们怕的是不该怕的,应该怕的我们反而不怕。人总要怕点什么,怕与不怕是一枚硬币的正反面,正因为我们不怕某些东西,所以我们才怕另一些东西。说白了,就是我们不怕规则,所以怕潜规则。潜规则已经弥漫到社会的上上下下、里里外外。这些潜规则看起来纷繁复杂,但实际再简单不过:权势为王，金钱至上。任何社会都需要规则。潜规则的可怕之处在于，它从表面看是规则，实际却是一种颠覆。这种内在的不合理性决定它不可能长久，无论眼下多么盛行。实施潜规则的和"被潜规则"的都是这种不合理性的牺牲品。就像鲁迅说的，凡是主人，也容易变成奴隶，因为他既然承认可以做主人，当然也承认可以做奴隶。所以一旦没了威力，就死心塌地俯首帖耳于新主人前了。

任何社会的发展进步都必须以人与人之间的合作为前提，都必须建立有合作、有竞争的规范秩序。我们要发展的市场经济更是一种规则经济、法制经济，因为市场经济要求人们在经济生活中进行最广泛深入的交往，并在交往中形成最广大的人群的共同利益所需要的、所有的人都必须遵守的规则，它和江湖观念、江湖方式无疑是尖锐对立的。

人类社会有没有更好的规则让我们既有个性张扬，又有秩序规范呢？有人说西方式市场经济制度就是这样的一种迄今人类历史上"最不坏"的制度文明。现在，这套东西正在移植到中国来。有人说在这个过程中中国人将创造一个全新的制度，它既有中国传统的温馨亲情，又有西方式的法律规范。就是说，既保留江湖的魅力，又享有西方的文明。甚至有些预言家认为西方人还将到中国文化、中国江湖中寻找寄托呢。习惯于蔑视和破坏规则的中国人将怎样接受这份礼物，且让我们拭目以待吧。

（《我们的社会病了——江湖气与潜规则》）

【原文】

> 孝友一家，庶可承忠厚绵延之泽；蒸尝百世，其毋忘艰难缔造之勤。

【译注】

家人相互关爱，一家和睦，才能长久获得忠诚宽厚家风的恩泽；对祖先的祭祀永久进行，后辈才能不忘记先辈开创家业之辛勤和功劳。

善父母为孝，善兄弟为友，一家和睦，希冀后代可以继承忠诚厚道的传统，并将此优良传统延续下去；春华秋实，百世流芳，先祖的恩泽能庇护后代，希望家族事业兴旺发达代代相传，子孙

139

不要忘记祖先的开创家业之辛勤与艰辛。

辑自徽州祠堂联。

【感悟】

在中国古代有一句话叫"富不过三代"。第一代创业的人，往往都是白手起家、艰苦奋斗、兢兢业业，用自己的双手打下了一片天地，创下了基业；第二代虽然生活条件好了，但是他们能够耳闻目睹父辈创业的艰难，所以还能够在父辈创下的基业基础上克勤克俭、励精图治，使事业不断地发展壮大；第三代，因为他们一出生就过着衣来伸手、饭来张口的生活，更没有体会到祖辈和父辈创业的艰难，所以不仅不知道励精图治、克勤克俭，反而还学会了铺张浪费、骄奢淫逸，久而久之，就把祖辈和父辈所创下的基业给败坏光了。历史上也有很多有学问、有道德的读书人，他们的家业不仅承传了两代、三代，而且承传了百年，甚至千年。那么这些人又是怎么做的呢？这些人恰恰因为能够洞察荣辱兴衰的规律，所以，他们教导子孙要谦卑退让、舍财不贪、克己利人。

【延伸阅读】

孝道当竭力，忠勇表丹诚。兄弟互相助，慈悲无过境。
勤读圣贤书，尊师如重亲。礼义勿疏狂，逊让敦睦邻。
敬长与怀幼，怜恤孤寡贫。谦恭尚廉洁，绝戒骄傲情。
字纸莫乱废，须报五谷恩。做事循天理，博爱惜生灵。
处世行八德，修身率祖神。儿孙坚心守，成家种义根。

（范文正公家训百字铭）

【原文】

博爱之谓仁，义宜之谓义；太上有立德，其次有立功。

【译注】

广泛地爱一切人,特别是对朋友或同胞的爱叫作仁;而上能尊重长辈、下能爱戴幼小、左能顾及近邻、右能体恤同僚的行为叫作义;为人处世,首先要做的是树立自己的道德风范,并且感染其他人,使所有的人都跟着你向善,然后才是立功、救国家民族于危难、挽狂澜于既倒。

辑自婺源清华胡仁德堂祠联

【感悟】

义是宜,即恰当、适宜,是处事的原则性。对个人而言,仁是内在人性的自觉,义是外在道德的自律。"不义而富且贵,于我如浮云!"

学会做人,学会生存,学会发展。

官德彰,则气正风清;官德失,则腐败滋生;官德正,则民心安;官德毁,则民心失。

【延伸阅读】

立德(道德成功)——需要治心修身。

立功(事业成功)——需要时势机遇。

立言(学问成功)——需要禀赋才能。

立德者或许没有机遇或者天赋,难于立功立言。立功者可以立德,却难于立言。立言者也可以立德,却难于立功。

【原文】

有叶必有枝,有枝必有根,根不培而枝叶枯,源不流而河水涸。

【译注】

树有叶肯定就有枝,树有枝肯定就有根,树根部不经常培土就会造成树枝和树叶枯死,水断了源头河流就干枯了。

辑自朱熹序吴氏族谱(宋庆元三年丁巳仲秋月新定)。朱熹认为,"故谱不由鼻修,若有枝而无根如无源也"。徽州世家大族很重视祭祖活动。休宁《茗洲吴氏家典》卷二《祭田议》曰:"治人之道,莫急于礼;礼有五经,莫重于祭。"

【感悟】

孔子说"慎终追远,民德归厚矣!"纪念就是追远,追远就是缅怀祖德。华夏五千年历史,孕育出无数的贤哲,他们为人类的福祉艰辛探索。他们是智者,更是勇者,他们是历史星空里永不黯淡的巨星。正是因为有了他们,我们前行的路上才没有"万古如长夜"。

树发千枝,生于一本;水流万丈,出自同源。

【延伸阅读】

中华文化由于其源头的多样性,因此内涵和形式都异常丰富。它既包括精英文化的内容,也包括草根文化的形态。这种多元文化甚至并不来自同一个祖先,它既有炎黄的浩大,也有蚩尤的狂放;既有孔儒的庙堂,也有墨离的草根。当2400年前孔子的学生用孝义皮影戏传播儒家学术的时候,这才是中华文化的丰富表征。如果皮影戏死了,那么儒家的文化源头恐怕也不会完整。有勇气祭奠死去的文化,才有可能唤回濒死的文化,给民族保留一些文化的原创性和多样性。

民国以前,基本上各个家族都有自己的宗祠,各家房屋中堂都放置有家族祖先的牌位,那里是家中最神圣不可侵犯的地方。遇到危险,第一个保护的也是祖先的牌位。年轻人渴望做一番事业,心里一部分想的是个人的出人头地,而更大一方面,他渴望着光宗耀祖,让祖先为自己骄傲,让宗族因自己生辉。

【原文】

忠孝之道自古有之,先祖之业后人效之。

【译注】

忠诚孝训是先祖传下来的传统，自古以来就有；先辈开创的事业后辈子孙要继承光大。

【感悟】

孝观念是中华民族的传统美德。它在历史的长河中孕育、洗礼、发育，形成了内涵深刻的孝伦理体系，并形成了中国特有的孝文化。

一个连自己父母都不孝敬的人，不可能把老百姓当成父母"孝敬"；一个连基本家庭责任感都不具备的人，不可能对国家、人民恪尽职守、认真负责。

【故事链接】

黟县西递村的敬爱堂是一座宗祠，原为西递胡氏十四世祖仕亨公住宅，始建于明万历年间，后毁于火。清乾隆年间重建时，因胡氏子孙繁衍，渐趋旺盛，遂扩建为宗祠。敬爱堂名寓意深远，既启示后人须敬老爱幼，又示意族人要互敬互爱，和睦相处。徽州人十分看重祭祀祖先的仪式。在徽州，《朱子家训》最受器重，各宗族均以此书作为补充和改造所行家礼的规范。在《家礼》中，首先为《通礼》，而列于开篇位置的就是《祠堂》。因为"报本返始之心，尊祖敬宗之意"是儒家伦理的核心和根本，故置于篇首以示其重。祭礼不论具体形式如何变化，均恪守孝的原则。敬爱堂上庭对面的门楼横梁上方，悬挂着一块3米见方的大牌匾，上书一个笔力遒劲、功夫深厚的"孝"字。据说，此字系南宋大哲学家、教育家、集理学之大成者朱熹所书。当年他曾写过"忠、孝、廉、洁"4个大字，但多毁于"文革"，令人痛惜。只因有一位村民将"孝"匾拿回家中作粮仓盖，才保留至今。这个"孝"字将字、义、形、情巧妙地融为一体，把整个字拆上下两部分来看，上半部是"老"字的半部，下半部是一个"子"字。朱夫子所书的"孝"字，上半部右边横、竖、撇笔画连接，如同一个半身人形，呈弓身抬头、双手作揖敬奉之状，右边却是猿的脸形，意喻不孝不敬之人，如同尚未进化的猴子；下半部是一个完完全全的"子"字，意喻要孝敬父母、老人；字的左半边似猴，意为对父母不敬为畜生，右半边却似一个恭敬的公子。书、画同源，此字在似与不似之间，达到了书、画的高度统一。其教育意义极为深刻，悬挂在敬爱堂里又极为妥帖，切合环境。

【延伸阅读】

　　对孝的意义,古今有很多诠释,但它包含的两点本质意义是不可否认的。第一,是人与人之间自然血缘情感关系的反映。孝的观念在中国,大约产生于原始社会末氏族解体、个体家庭形成时期。这个时期孝的概念,反映出老与子相互依存的血缘关系。这种有着浓厚血缘的老与子的关系,是一种无任何功利目的的,含有自然属性的父母爱子女、子女孝父母的亲情关系。第二,是最早进入家庭的伦理规范之一。孝,是最原始的人道或人伦观念。这种观念反映出人从动物中分离出来后的那种人类最初的情感。在中国文化视野中,人性与兽性之别强调的是人文、伦理层面的,禽兽之动物是无伦理可言、道德可谈的。孝这时蕴涵的人伦观念,是中国传统道德的基础,而其他的道德规范都是由此引申、演绎、发展而来。

【原文】

　　现在之福,积自祖宗者,不可不惜;将来之福,贻于子孙者,不可不培。

【译注】

　　眼下享受的这些福分,是祖辈辛勤积攒下来的,不能不倍加珍惜;未来的福分是要传于子孙后代的,不能从现在就开始培育和积累。

　　辑自徽州家训。

【感悟】

　　现在之福如点灯,随点则随竭;将　来之福如添油,愈添则愈明。

【延伸阅读】

　　心宽性怡,快乐就是福。无病无痛,健康就是福。

布衣蔬食,能食就是福。茅屋竹篱,安稳就是福。
天伦家和,团聚就是福。兵戈不扰,太平就是福。
家门清吉,宁静就是福。书酒花月,领略就是福。
窗明几净,闲逸就是福。绳床草榻,酣眠就是福。

【原文】

入观庭户知勤惰,一出茶汤便见妻;父老奔驰无孝子,
要知贤母看儿衣。

【译注】

进别人家的门,看看庭院就知道主人是勤快还是懒惰,一端
出茶水,便能看见主人妻子的为人;父亲老了还在奔波,肯定是
膝下儿子不孝。要知道母亲是否贤德,看看儿子的衣服就知
道了。

辑自徽州家训。

【感悟】

一滴水能反映出太阳的光辉。

图难于其易,为大于其细。在容易
之时谋求难事,在细微之处成就大事。

天下的难事,必从容易时做起;天下的
大事,必从细微处着手。

【延伸阅读】

《增广贤文》为中国古代儿童启蒙书目,又名《昔时贤文》、《古今贤文》。书
名最早见之于明代万历年间的戏曲《牡丹亭》,据此可推知此书最迟写成于万历
年间。后来,经过明、清两代文人的不断增补,才改成现在这个模样,称《增广昔
时贤文》,通称《增广贤文》。《增广贤文》以有韵的谚语和文献佳句选编而成,其
内容十分广泛,从礼仪道德、典章制度到风物典故、天文地理,几乎无所不含,而

又语句通顺、易懂。但中心是讲人生哲学、处世之道。其中一些谚语、俗语反映了中华民族千百年来形成的勤劳朴实、吃苦耐劳的优良传统,成为宝贵的精神财富,如"一年之计在于春,一日之计在于晨"、"一饭一粥,当思来之不易,半丝半缕,恒念物力维艰"等;许多关于社会、人生方面的内容,经过人世沧桑的千锤百炼,成为警世喻人的格言,如"良药苦口利于病,忠言逆耳利于行"、"善有善报,恶有恶报"、"乐不可极,乐极生悲'等;一些谚语、俗语总结了千百年来人们同自然斗争的经验,成为简明、生动、哲理式的科学知识,如"近水知鱼性,近山知鸟音"、"近水楼台先得月,向阳花木早逢春"等。

【原文】

> 子弟有才,制其爱,毋弛其诲,故不以骄败;子弟不肖,严其诲,毋薄其爱,故不以怨离。

【译注】

父母对有才华的子女应克制爱心,不放松教诲,子女才免致因为骄傲而失败;父母对不学好的子女,既要严格要求,又要充满爱心,子女才免致生怨而离群索居。

辑自清金兰生《格言联璧·齐家》

【感悟】

父母对子女教育要根据不同的情况,严爱相济、宽严适度,既要避免"捧为掌上明珠"的过分溺爱,又要防止"恨铁不成钢"的厉威苛责。

【延伸阅读】

有些子女原来十分聪明,却突然变得品行低下、平庸无能;有些原本平庸愚鲁,然则却成为品德高尚、才华出众的人。这全归之于家庭父母的栽培教养之功。教子需有方,也要因子施教,因性而异。

【原文】

本本源源不忘祖宗功德，绳绳继继贯赖孝子贤孙。

【译注】

本本源源：本本，根本；源源，源头。指事情的始末。　绳绳继继：前后相承，延续不断。　贯赖：一直依赖。

追忆祖先功业，不忘祖辈恩德；继承祖先遗志是后代子孙必须尊崇的。

辑自徽州《吴氏宗谱》

【感悟】

饮水当思源，做人不忘本。

尊重历史，感恩先辈，薪火传承，继往开来。

上无愧于先贤，下对得起后人。

【故事链接】

明代休宁率东程莹经商于浙江湖州，虽富可敌国，但始终不忘根本，依然以耕读为本教育子弟，并在不久后退隐，以古文图书自娱。绩溪章廷泰随父亲经商，以义获利，为乡里所重，致富后他慷慨解囊，创建章氏祠堂，兴造文昌阁，凡是乡里修桥修路及赈贫恤孤的义举，他都倾囊而出，毫无难色。

【延伸阅读】

人生的各种问题伴随着岁月的增长，会与日俱增，就会想到祖先的辛勤与耕耘，就会想到今天的平安与幸福是多么不容易，就会更加珍惜来之不易的成果。

【原文】

祖德宗功百世不迁，子孝孙贤万代如见。

【译注】

祖上的功德、祖宗的福荫恩泽流传很多代而不变化,祖宗做的好事会一直流传被人们称颂;子孙都很孝顺和贤良,子子孙孙好的德行品质就会被世人传诵,这种好的品质和德行会被人们所效仿。

辑自徽州楹联。

【感悟】

人有祖籍,水有源流,族有宗亲,树　忘根。
有根本。水流万里总有源,树高千尺莫

【故事链接】

徽州呈坎,原名龙溪。东汉三国时期,东吴孙权统帅诸葛亮的哥哥诸葛谨来到此地,见此地地处万山之中,四面8座高山,中间是一个1平方公里的盆地,一条龙溪河流由北向南宛如一条腾飞的巨龙穿村而过,还有很多小溪汇聚,有"九龙戏珠"之谓,为一个天然八卦图,并且"山形交错,水色清澄,人情庞实,伦理端严"。"有田可耕,有水可渔,脉祖黄山,五星朝拱,可开百世不迁之族。"因而认定这里是理想的人居环境。

【延伸阅读】

祖德宗功千秋永,忠厚传家万代长。

【原文】

铸史熔经光耀前烈,孝亲敬长无玷家声。

【译注】

铸史熔经:融会贯通经史子集,融会贯通史册和经籍中的知识。

前辈功业光耀历史,孝顺双亲、尊敬长辈才不会玷污家族的名声。

辑自徽州祠堂联。

【感悟】

学做人,首孝敬,孝亲敬长殷殷情。　　父母生,父母养,辛勤抚育我成长。

鸦反哺,羊跪乳,禽兽尚知报答母。　　孝父母,多体贴,报答恩情不能忘。

【延伸阅读】

一方面,在面对传统文化的时候,我们要么采取历史虚无主义的态度,诸如"废除汉语"、"打倒孔家店"、"破四旧"之类的过激主张,就是这种态度的集中体现;要么彻底倒向另一边,认为只有儒家学说才能救中国、才能救人类。在这种非此即彼、看似坚定的立场背后,实际上是生硬、武断、简单化,是对传统文化的轻慢。这两种对待传统文化的态度,都阻碍了当代对于传统的真切的理解,不利于在当代与传统之间建立起具有血脉相连的关系。另一方面,在面对社会现实的时候,我们更缺乏足够的批判意识与质疑性格,或者说,缺乏苏格拉底所说的"马虻"的精神。如果没有苏格拉底式的"马虻",无论是一个小邦还是一个大国,都可能在浑浑噩噩的状态下一直酣睡下去,不知东方之既白。

【原文】

出入扶持须谨慎,朝夕伺候莫厌烦。

【译注】

父母出入(门)要小心搀扶,早晚伺候父母不要厌烦。

辑自徽州家训。

【感悟】

如果父母仍健在,那么别忘了比以往任何时候都更深地爱着他们;如果他们已经不幸永远离开了你,那么你必须记得,父母的爱才是天底下最无私的爱!

【故事链接】

汪作黼,名赞綸,字作黼,号铜沙余叟,常州人士,祖籍安徽休宁。汪作黼一生国运衰微、政局动荡,先后经历太平天国、甲午战争、戊戌变法、义和团运动和辛亥革命等重大事件。汪作黼前半生主要以授课为业,历尽坎坷,先后两次命悬一线,53岁考得功名后,担任清朝官职,因功屡升至二品衔,数年后,辞官经商从事典业,被公推为江苏典业公会会长。晚年热衷国学,常与文人诗文唱和。一生阅历丰富,颇具传奇色彩。汪作黼自幼家境贫寒,性喜读书,冬日衣衫单薄,就拥被苦读,无钱购墨便以枯炭代之。父汪燮调管教极严,常在四书五经中任选一节令之背诵,偶误一字,必严加苛责。汪作黼勤学苦读,学问增长迅速,17岁即在常州郊外白荡镇开馆授徒,当起了私塾先生,所有收入悉付父母,不留私蓄。后其父得疾,因家贫如洗不愿购药,病渐重。汪作黼回家后,以古孝子为榜样,暗中割左臂肉下药,或是被其纯孝感动,其父居然服药后病愈。后来,为了便于照顾双亲,汪作黼设帐家中,既能教学,又能与父母同享天伦,汪作黼后来回忆说,此段岁月是自己最愉快的时光。

【延伸阅读】

子游问孔子什么是孝,孔子说:子女侍奉父母,固然要饮食奉养,而内心一定要有真诚尊敬的态度,在行为上符合礼节,才能叫孝。如今世俗的孝顺,只能说是供养父母的饮食罢了,殊不知犬马之类的牲畜,都是以饮食来养活的。如果内心不尊敬爱戴,只以饮食供养,那与饲养牲畜有什么区别呢?世俗的孝又怎么能叫做孝呢?

孔子在这里是告诫弟子们,通常父母怜悯、姑息孩子,因而孩子以此为常,邀宠放任,开始虽然没有轻慢之心,慢慢会形成了骄傲的习性,以至于无所忌惮。夫子这样说,是深入探究了人性偏颇的起因,要防微杜渐而已。孔子说,孝养父母,不但要养他们的身体,也要养他们的心。心中的尊敬与爱戴,是父母能够体会到的,也是子女给父母最好的安慰,最能带给父母快乐和幸福。

【原文】

褒忠扬孝有德者旌，饮水思源有劳则名。

【译注】

褒扬忠诚和孝顺的人，对有德之人表彰，不忘祖辈功德，对为家族作出贡献的人树立好的声望。

辑自徽州楹联。

【感悟】

《礼记》有"德者，得也"之说。"德"与"得"不但发音相同，而且有着内在的因果关系："德"为"得"之基，有"德"方能有"得"，厚"德"方能载物。

赏一人而万人乐者，赏之。让那些道德践行者得到社会的回报和关爱，包括舆论的认可、政府的褒奖，乃至制度的呵护、物质的保障。

让有德者有得，就是在涵养社会的道德生态，守望共同的精神家园。

【故事链接】

《明经胡氏龙井派族谱便览·祭酬劳文》云："褒忠扬孝，有德者旌，饮水思源，有劳则名。"

【延伸阅读】

身形挺直，宁折不弯——正直
命中有劫，愈抑愈扬——奋进
外直中通，襟怀若谷——虚怀
有花深埋，素面朝天——质朴
一生一花，死亦无悔——奉献
玉竹临风，群芳翘首——卓尔
虽曰卓尔，却不似松——乐群
载文传世，任劳任怨——担当
质地犹石，方可成器——性坚
化作符节，苏武秉持——操守

竹有十德,十德归一——脱俗

【原文】

合堂同席而坐,虽百世之下,四海之远,犹曰吾宗人也,情谊之厚,蔼然如一家。

【译注】

同处一室大家坐在一起,即使是已经传承了很多代了,分布在全国各地,只要是说与我是一个宗族的,就应该以深厚的情谊像家人般和善相待。

辑自徽州家训。

【感悟】

血浓于水,徽州宗族传统浓缩了一　幅绵延中华民族生息繁衍的历史长卷。

【故事链接】

元代后期的徽州出现了宗族观念兴起的趋势,在地方精英的言论之中,宗族成为"爱有等差"的社会理想和由"仁"及"义"的政治目标在地方社会得以实现的理想方式。而家谱等谱牒文献的编纂和祭祖方式的变更则成为宗族观念的更具体的表达。不仅传统的附寺祭祖的方式有了转向专祠的趋势,而且类似于后世宗祠的大型"墓祠"也在此时出现。郑玉,绝意宦、商之途,一心问学,在元代后期成为徽州理学的代表人物之一。郑玉认为具有世系关系的同姓人群聚合在一起,符合"一本万殊"的"理"世界的秩序。同出于一个祖先,这即是"一本",血缘关系的亲疏,则体现了人群之间的身份差别,这即是"万殊"。由此而形成的"宗族"就不只是同姓人群的聚合,而是一种既能分又能合的社会组织,它体现了理学"爱有等差"的社会理想和由"仁"及"义"的政治目标。宗族观念的兴起首先表现为对谱牒的强调。郑玉认为:"家有谱书,非止叙尊卑、别贵贱、辨贤愚而已，实所以为同人心、厚风俗之本也。盖人心风俗本相流通，故风俗之所以不厚，由于人心之不同，人心之所以不同，由于罔知祖宗之始于一人也。夫以祖宗之始于一人视之，则见远犹近，见疏犹亲，虽万派千枝，而实均为一家之同体，使合族之人而果视为一家，则情自相通，谊自相孚。"郑玉本人即亲自整理了自己的家谱。至正十五年（1355年），他有感于"世之宗族，服属既尽，尊卑遂紊，贫富不等，利害相凌，不知其初为一人之身也"，于是将自家的世系刻于祖父郑安墓碑的背面，称之为"石谱"。

【延伸阅读】

徽州人在"奠世系、序昭穆"的一系列活动中，遵循的是"敬业、明伦、正学"的宗风，以"敬祖收族，弘扬祖德，正本清源，理顺脉络，教育后代，耀国荣族"为主旨。认祖归宗，一是寻根追祖，崇拜故土祖根；二是表彰先贤，显扬光荣历史；三是训勉后人，激励家族不断进取；四是不忘本土文化恩泽。

【原文】

拮据经营，上事老母，下植弟侄，举家若忘其贫。

【译注】

辛苦操持经营生意，维持家庭生活，对上孝顺侍奉老母亲，对下培养弟弟、侄子，一家人就忘记了贫困。

黟县俞正燮撰《癸巳类稿》，家富藏书，好施与，常常陷入窘境，其弟俞正馥在江西行商，每闻穷乏，必援资济其贫。

【感悟】

如果能够在家中对父母尽孝、对兄　长顺服，那么在外就可对国家尽责。

【故事链接】

　　相传扬州盐商叶天赐为遗腹子，母子两人家贫如洗。在他6岁那年，母亲却把书包递给了他。当时他就哭了："娘，俺家出不起束修(学费)，别念书了。"母亲说："家再贫，娘也要供你念书。"为了那束修，母亲为人作佣，辛苦操劳。孝顺的叶天赐后来去扬州经商，因儒而好学，往往能事先洞察商机"料事十不失一"，一跃而为扬州富商。富裕后，他不忘自己过去的身世和经历，帮助读不起书的穷孩子，遂捐建文昌阁。

【延伸阅读】

　　孝悌与社会的安定有直接关系。孔子看到了这一点，所以他的全部思想主张都是由此出发的，他从"为人孝悌就不会发生犯上作乱之事"这点上，说明孝悌即为仁的根本这个道理。自春秋战国以后的历代封建统治者和文人，都继承了孔子的孝悌说，主张"以孝治天下"，汉代即是一个显例。汉统治者把道德教化作为实行封建统治的重要手段，把老百姓禁锢在纲常名教、伦理道德的桎梏之中，对民众的道德观念和道德行为产生了极大影响，也对整个中国传统文化产生深刻影响。孝悌说是为封建统治和宗法家族制度服务的，对此应有清醒的认识和分析判别，抛弃封建毒素，继承其合理的内容，充分发挥道德在社会安定方面所应有的作用。

【原文】

承家多旧德，继代有清风。

【译注】

以先人的德泽传承家业，代代相传的是高洁淳朴的家风。

辑自徽州楹联。

【感悟】

历史上名门家学的兴盛,带来的是家风和家业连绵不断的传承。"家学门风"传承的不仅是学识和经验,还有生存方式和思维方式的教育。

【故事链接】

徽商精神内涵丰富,其中就包括贾而好儒的文化精神与回报家乡、兴办社会公益事业的美德。1805 年,黄河、淮河大水,扬州徽商捐 6 万石大米、200 万两银子。由此可见一斑。在近代中国,著名商人杨斯盛关爱世人,热心教育事业,曾积极支持黄炎培办学,慷慨解囊兴办学校。张謇,状元之才,热心"实业救国"。这些或是徽商精神的一种传承。同时,徽商很注重对其子弟的教育。这种教育,一方面是文化底蕴深厚的传统教育,另一方面他们以其言传身教来潜移默化地影响其子弟。他们的子弟在这种良好的家庭及文化背景下,将这种徽商精神代代传承,于是在徽商的家族之中,形成了一种较为浓厚的文化氛围。从汪由敦所撰的《先府君行述》可以看出,徽商汪青城不仅重视教子,而且善于教子,在妻子龚孺人的积极配合下,儿子汪由敦业儒入仕,成为当时著名的封建官员。

【延伸阅读】

当代中国,物质生活的极大丰富与精神文化的相对缺乏,使得不少富家子弟的精神层面比较空虚,更有甚者,精神出现真空,面临着信仰危机。于是,充满着诱惑力的商品、具有视觉冲击力的浮华现象引起了他们的注意。就这样,他们中的一部分在现代生活中行为失范,在道德与伦理的底线中徘徊,甚至逾越底线,做出种种出格的行为。从徽商精神中找到有价值的因素,来重塑当下富家子弟的君子人格与人文素养很有必要。君子人格,既要靠外在的道德教育,也要靠主体内在的道德修养,需要内外双修,表里并重;人文素养的提高,需要的是文化底蕴。而徽商精神中的内在因素在重塑一个人的君子人格与人文素养中发挥着重要的作用。深刻领会徽商精神,可以培育富家子弟独立的人格意识、健全的判断能力和价值取向、高尚的趣味和情操、良好的修养和同情心,乃至对个人、家庭、国家、天下有一种责任感,对人类的命运有一种担待。(强金明)

【原文】

爱子先当训子,起家应念保家。

【译注】

爱护子女首先要教育好子女,兴家立业,应想着保住家族和家业。

辑自徽州楹联。

【感悟】

有家就是你有祖业,也就是老祖宗的产业;没有家,就等于丢了老祖宗的产业。如果你把家庭保住了,而且又把家庭兴旺起来,表示你有能力光宗耀祖,把你的家族发扬光大。

【故事链接】

徽州歙县棠樾世居鲍姓大族,乾隆年间族中有位少年奇才名叫鲍志道,字诚一,号肯园。他自幼读书,父亲的意思是要他日后参加科举考试走做官之路。但是,父亲虽精明商道但不善积财,家境并不宽裕。在鲍志道11岁时,便中断学业,走上经商之路。由于家贫,出门时身无分文。母亲从箱柜底层拿出一直珍藏着的志道婴儿时的褓褓,将褓褓的虎头帽上镶的那枚"康熙通宝"铜钱取下,给他随身戴上,告诉他说:"儿啊,这可是我们家仅剩的一文铜钱了。今天给了你,咱家的兴旺就要看你了啊!"鲍志道眼含热泪,珍重地将这一文钱收在内衣夹层的口袋里,下定决心绝不让母亲失望。鲍志道几乎是一路乞讨到江西鄱阳。到鄱阳后,一边帮人打工,一边学习会计。会计学成后,也积了一点钱,他离开鄱阳来到浙江金华。在金华,他利用积攒的钱开始做些小生意。为寻找更好的市场,他从金华又到扬州,从扬州又转至湖北,不断奔波,但始终未能找到一块立足之地。20岁时,鲍志道又一次来到扬州。10年的商场奔波,他逐渐成熟起来。"列一百二十行经商财货,润八万四千户人物风流",扬州自古繁华,明清时期更是聚集了一大批富商巨贾,且徽州人占一大半。扬州的繁华,令鲍志道目不暇接,他决心在此地一展宏图。也是该他时来运转,一位歙县大盐商急需一名帮手,要求能吃苦耐劳、精于核算。学过会计的鲍志道抓住机会,前去应聘。然而,这位大盐商在招聘中出了一道让人意想不到的试题。第一天,面试之后,大盐商命伙计给每位应聘者一碗馄饨,说算是犒劳。吃完后,大盐商让各位回去准备第二天考试。谁知第二天,盐商出了这样的几道题:请回答昨日你所吃的馄饨共有几只? 有几种馅? 每种馅又各有几只? 应聘者被这样离奇的试题弄得目瞪口呆,有的摇头苦笑,有的后悔不已。然而鲍志道凭他 10 年从商的经验,预料到了那碗馄饨的不寻常,所以他对那碗馄饨做了细细地观察。此时应付这几道题自然是得心应手。结果不必说,他被聘用了。聘用后,经常和商场行家打交道,他肯于吃苦、勤于学习,业务素质迅速提高。凭他超人的经营才干,盐商的经营大为起色,他自己也得到了丰厚的报酬。几年的积累,鲍志道有了一定的经济基础,于是辞去了经理职务,决心自己开创事业。他瞄准了盐业经营。因为,一方面盐业是扬州的龙头行业,扬州所处的盐场是当时全国最大的盐场;另一方面经营盐业利润大。这几年经理生涯,他早已摸熟了市场行情,结交了许多社会各界的朋友,建立起了个人人际关系网。这些使他的事业很快走向成功,家资累至巨万。并且,凭他精明强干、处事公允、急公好义,在业界的声誉也是日益高涨。

【延伸阅读】

　　以爱心建立家庭,以孝顺光大家庭,以道德规范家庭,以感恩和谐家庭,以和谐安住家庭。

【原文】

> 父不慈,则子不孝;兄不友,则弟不恭;夫不义,则妇不顺。

【译注】

　　如果父亲不慈爱,那么儿子也不会孝顺;兄长不友善,那么做弟弟的也不会对他恭敬;丈夫不仁义,妻子就不恭顺了。

　　辑自于北齐颜之推《颜氏家训·治家》。

　　福建尤溪县博物馆珍藏有朱熹“父不慈,则子不孝;兄不友,则弟不恭;夫不义,则妇不顺”手迹板联。

【感悟】

一个家庭,金玉再贵重,也是短暂的。子孙个个贤能,才是永远的好名声。家庭安乐和睦,才是最贵重的。

家庭的先人有爱心,后人又孝顺,这样就兴旺家庭、光大家庭了。孝顺也就是知恩,知恩就有良好的依靠。

【延伸阅读】

读书、循理、和顺、勤俭:"读书起家之本,徇理保家之本,和顺齐家之本,勤俭治家之本。"(朱熹)。"读书、循理、和顺、勤俭"8字规范,今天仍可赋以新意而发扬光大。在今天,知识日益更新,科技飞速发展,发家致富,强国富民,不读书则一事无成;发展市场经济,需要依法治国、依法办事,需要以德治国、以德修身,恪守公民道德规范,营造诚信社会。提倡循理,就是提倡守法守纪,遵守各项规章、规则和道德行为准则,尊重并研究事物发展的客观规律,进而利用它为社会造福。公民该尽的义务不能不尽,该有的权利应依法维护,这就是循理在今天的基本要求。至于和顺,我们倡导团结友善、尊老爱幼、夫妻和睦、邻里团结,建立起"团结互助、平等友爱、共同前进"的新型人际关系;反对不讲原则的顺从和服从,和顺仍可作为齐家处世的一条有益的道德准则。勤俭更是贯通古今、永续秉承的美德。勤俭自强,敬业奉献,爱护公物,保护环境,保持生态平衡,珍惜人力物力。用自己的勤劳和智慧去创造美好的生活,不攀富比阔,不挥霍浪费,当用则用,当省则省。这就是勤俭治传传统美德的现实意义。当然,随着生活水平和生活质量的提高,应该生活得越来越好,这和节俭并不矛盾。富而思进,社会才会发展,人类才会前进。今天讲勤俭,含义更广泛,内容更充实,既继承了传统,又融进了时代要求。

父慈而教,子孝而箴,兄爱而友,弟敬而顺,夫和而义,妻柔而正,姑慈而从,妇听而婉,礼之善物也。(《左传·昭公二十六年》)这就是古人处理家庭成员之间相互关系的道德伦理规范。朱子家训承接了古人的训导,有:"君之所贵者,仁也。臣之所贵者,忠也。父之所贵者,慈也。子之所贵者,孝也。兄之所贵者,友也。弟之所贵者,恭也。夫之所贵者,和也。妇之所贵者,柔也。"(《蛟川朱氏宗谱》)。和顺是家庭之根本,和要气和,顺是柔顺,家庭成员再简单也还是需要相互体谅和相互支持。我们的心和顺了,我们的家就和顺了。时时调柔身心,在自己和家人之间多一些合心与和气,如果遇到意见相左的时候,以相互尊重为前提,以一颗接纳的心来对待。接纳不是认同,是面对,有些问题在探讨后还是无法统一的话,可以用先搁一搁的方法来面对,等到有机会或是大家在努力中来达成一致会比较好。

【原文】

道德根于孝悌,清白传之子孙。

【译注】

　　道德的根源在于孝顺父母、敬爱兄长,传给子孙清白纯正的品行。

　　辑自徽州楹联。

【感悟】

　　孝是人类最基本的感情,是一切爱的基础。孝是爱的延伸,是爱的反映。中国传统儒学提倡仁道,仁就是爱人。孝是仁爱的具体体现。家庭是社会的细胞,父母、兄弟是每一个人最亲近的人;爱人总是从爱父母、兄弟开始。如果对父母不能孝敬、对兄弟不能友爱,又怎么可能对其他人有爱心,怎么可能谈其他的道德要求呢? 所以说孝悌是仁的根本。

　　孝悌是做人、做学问的根本。孝悌不是教条,是培养人性光辉的爱,是中国文化的精神。谈孝悌,"父慈子孝,兄友弟恭"都是相对的,并不只是单方面的顺从、尊敬。

【故事链接】

　　孝是人类原始的情感推动力。徽商始终把孝字牢记心头,把孝养父母放在首位,把不能孝养父母视为最大的耻辱。他们感念父母的劳苦,主动承担起奉养双亲的责任,替父母分忧,这种强烈的孝的责任感,使他们不甘心屈服贫困命运,加上明清时期商品经济发展的大契机,推动了徽商效法陶朱公,他们或弃儒服贾,或亦耕亦贾,克服重重困难,走出深山,乃至于出现了"大抵徽俗,人十三在邑,十七在天下"的局面。正是这种养亲、尊亲、荣亲的巨大驱动力,使得徽商能战胜商业道路上的重重困难,不辞劳苦,力行节俭,栉风沐雨,勇往直前。如"(汪)材,字世用,号东源……早岁丧父,与兄标营商于亮,历任艰苦,创业于家。不惮勤,观其自律之善,则居安佚而志在辛勤,处盈余而身甘淡泊。"徽商汪可越,"性节俭,甘淡泊,饮食服御,宁不如人,唯孜孜勤苦于栉风沐雨中成一生事业"。如果没有孝养父母这种强大的责任感和光宗耀祖远大目标的支撑,徽商就不会有"一贾不利再贾,再贾不利三贾,三贾不利犹未厌焉"的百折不挠、顽强拼搏的精神(光绪《祁门倪氏族谱》卷下《诰封淑人胡太淑人行状》),也不会有此后执商界之牛耳的徽商了。

【延伸阅读】

　　随着社会结构的变革,功利主义思想的盛行,亲情逐渐冷漠淡薄,对长辈的敬顺、对平辈的谦恕也渐渐地消逝褪色,当代青年人对孝顺恭让的概念也渐渐地模糊了。这对于整个社会来说是十分危险的信号。从字源角度讲,孝字上面是"老"的上半部,下边就是"子",象征年轻人搀扶老人,悌的左半边是"心",右半边是"弟",象征着心中关怀着同辈人。《论语》中孝的含义是通过对长辈的扶持和尊重来消解人与生俱来的自我中心化倾向。孝是面对长辈时的感同身受,而悌是对同辈人的忠恕之道。而无论是忠(己欲立而立人)还是恕(己所不欲勿施于人),都作用于消解自我中心的狭隘视野。一个人,假如对含辛茹苦抚养自己长大的父母尚且不去关爱,他又如何能去爱他人、爱工作、爱社会、爱国家、爱人民呢? 孝已经不仅仅是个人的修养,还成了社会的需要。面对着层出不穷的社会丑恶现象,不禁让人感伤人心不古、世道沉沦。由此可见道德观念的树立是多么重要。于是孝成为今天构建和谐社会的迫切需要。《大学》云"古之欲明明德于天下者,先治其国。欲治其国者,先齐其家。欲齐其家者,先修其身。欲修其身者,先正其心"。在中国传统文化观看来,要干事,先做人,只有把个人的品德修养好了才能担当"治国平天下"的重任。

【原文】

> 兄弟睦家之肥,子孙贤族乃大。

【译注】

兄弟之间和睦相处一家才会富庶,子孙后代贤明家族将会壮大。

辑自徽州楹联。

【感悟】

一个家族,由代代子孙繁衍而成,子孙不贤,家族便不能发展壮大;经商理财,则需要内外和睦。

兄弟的和睦才能真正让父母安心、放心,所以兄弟能处好其实就是最好的孝道。

【延伸阅读】

敬老训

对待长辈,定要尊敬。出必告诉,返必回禀。

早晚问安,聆听教诲。所托之事,尽心完成。

赡养老人,义不容辞。念念不忘,衣食住行。

老人患病,快请医生。确保长辈,身心康宁。

同辈训

兄弟和家业自兴旺,姊妹和亲友情意深。

夫妻和百年同偕老,姑嫂和家中少纠纷。

妯娌和家事样样顺,叔嫂和全家都欢欣。

同辈之间团结紧,黄土也能变成金。

亲如手足福满门,萁豆相煎祸临门。

教子训

生就为人子,当报父母恩。父母谆谆教,牢牢记在心。

行成在于思,业精在于勤。成就栋梁材,利国又利民。

办事秉公论,勿做势利人。父母年事高,赡养要尽心。

遗弃父母者,非吾牛门人。

(牛氏祖宗训)

【原文】

居身务期质朴,训子要有义方。

【译注】

义:正确的、应该的、适当的意思。

做人务必要厚道,教导子孙要用正道、正确的方法。

治家金言

辑自徽州楹联。

【感悟】

要想一个家庭的家业、家风、家道能够传承，那么，家庭教育就比什么都重要。古人讲"至乐莫若读书，至要莫若教子"，所以家庭教育是关系到家族兴衰的一个关键。

希望能够兴家，必须要有严格的家规，家有家规，国有国法，没有家规，家就乱了，没有国法，国也乱了。"人家欲败，必由家规颓废始。"所以家规要是没有、败坏了，那家也就跟着败了。

【延伸阅读】

家庭教育，启蒙的老师一般就是母亲，因为孩子跟母亲的时间多，受母亲言传身教、潜移默化的熏陶，有什么样的母亲，一般也就有什么样的孩子。现在这个社会，讲究男女平等，所谓男女平等，女子要跟男子在社会上争权利、争地位，要知道男有男权，女有女权，男女个人权力是不一样的，是不能够混淆的。为天地培植出一个守法良民，这就是莫大的功德，这就是女权。"不孝有三，无后为大"，这个孝，最大的就是为家庭培养优秀的后代，那反过来，没有优秀的后代，就是大不孝。这个"无后"，不是说没有子女就叫无后，有子女你不好好教他，他将来不能成为传承家风、家道、家业的人，那这家就断了，就不孝。所以这个就要靠母亲，女权为大，女权最重要的就是教子。现在我们看到很多的夫妻，双方都出来工作，生了儿女就交给保姆照顾。对保姆来说，不是自己的儿女可能不会非常尽心，而且作为保姆，可能她的学识、智慧也是比较普通，可能还不如你，你都不教，你让她代你教，你希望你的儿女将来成什么样的人？这都是我们应该深深反思的。

【原文】

人家贫富千层饼，世界古今一局棋。

【译注】

人们之间的贫富差距就像千层饼一样,古今以来世间发生的事情就是一盘棋局而已。

《增广贤文》有"人情似纸张张薄,世事如棋局局新"。相传,尧将围棋教给了儿子丹朱,而把天下传给了舜。后人自问自答:为什么不把天下传给丹朱呢?那是因为世上的事情不过就是一盘棋而已。

辑自徽州楹联。

【感悟】

徽商认为:穷在志识上,富在心气儿上。富人之道在于,心和气顺蒸蒸日上;穷人不是因为丢失金钱而陷入贫穷,穷是因为丧志。穷人有志,才是翻身生财之道。

中国社会已经从改革前的"三明治"社会过渡到"千层饼"社会,在原来单一的社会群体之外,已经分化和组合出众多新的群体。

社会最需要的是创造力,并不在乎你读了多少年书,你的学历有多高。一个缺乏创造力的人哪怕读完了博士后也是个庸才,而一个富有创造力的人可以把平庸的生活变得丰富多彩。说白了,社会结构好比一张千层饼,每个人都待在属于自己的那一层,你当然可以往上一层努力一把,但需要创造力,要是没这个能力,你就该安心待在属于自己的那一层,还要很敬业地干好自己的活儿,因为不可能人人都翻到第一层去。当然,当下中国社会最可怕的不是这个,而是阶层的固化!

【故事链接】

胡雪岩被朝廷革职、将被查抄之际,罗四太太主张将各个姨太太房里的现款、金条、珠宝等,合计约二三十万两银子,趁天不亮交人带出去。胡雪岩却认为此举有欠光明磊落,不同意,他对罗四太太说:钱是身外之物,生不带来,死不带去。于是所有的财产被那些红顶戴一扫而光。站立着是一个英雄,倒下去也是一条好汉。有人这样赞叹胡雪岩的品格和骨气。

【延伸阅读】

徽商十穷根源

第一穷,多因放荡不经营逐渐穷;第二穷,不惜钱财手头松容易穷;

第三穷,朝朝睡到日头红邋遢穷;第四穷,家有田园不务农懒惰穷;

第五穷,结识豪富为亲翁攀空穷;第六穷,好打官司逞英雄头气穷;

第七穷,借债纳利装门风自录穷;第八穷,妻奴馋懒子飘蓬命当穷;

第九穷,子孙相与无良朋局骗穷;第十穷,嫖赌吸食恋酒盅彻底穷。

徽商十富之道

一可富,不辞辛苦走道路勤俭富;二可富,买卖公平多主顾忠厚富;

三可富,听得鸡叫离床铺当心富;四可富,手脚不停理家务终究富;

五可富,常防火盗管门户谨慎富;六可富,不作非礼犯法度守分富;

七可富,阖家大小相帮助同心富;八可富,妻子贤惠无欺妒帮家富;

九可富,教训子孙走正路后代富;十可富,存心积德天加护为善富。

【原文】

善体黎庶情,是谓民之父母;广行阴骘事,以能保我子孙。

【译注】

阴骘(zhì):原指默默地使安定,引申为默默行善的德行,亦作阴德、阴功。

善于回应黎民百姓生存状况和诉求的官员,才能真正称得上父母官;多做善事,才能保佑子孙平安。

《诗》云:"乐之君子,民之父母。"民之所好好之,民之所恶恶之,此之谓民之父母。意思是说快乐的君子,是民众的父母。喜欢民众所喜欢的,厌恶民众所厌恶的,这就叫做民众的父母。从"大同社会"方才看出儒家的雄心壮志,而"民之父母"的执政正是从"天下为家,各亲其亲,各子其子"过渡到"天下为公,老吾老以及人之老,幼吾幼以及人之幼"的必要条件。

辑自徽州家训。

【感悟】

　　"百姓大害,莫甚于贪官蠹吏。"瘦肉精、假奶粉、三聚氰胺、假药、豆腐渣工程……人的良心、责任心哪里去了?为了一点蝇头小利变着法儿坑害我们的兄弟姐妹,坑害我们年幼的、尚不谙世事的毫无反抗能力的孩子们。西汉贾谊曾说:"民之不善者,吏之罪也。"

　　"决策于不仁者险。"(秦·黄石公《素书》)领导的重要职责在于决策,但决策必以仁爱为本,这样的决策才能胜天下、顺民心、合民意。如果决策者没有仁德之心,决策的动机不良,就是小人擅权,那样的决策就是非常危险的。如唐明皇不用张九龄为相,命李林甫、杨国忠当国,以致安禄山作乱。决策不仁者,必有凶险之祸。

【延伸阅读】

　　为政之道,以顺民心为本,以厚民生为本,以安而不扰为本。(北宋程颐)

　　眼前百姓即儿孙,莫谓百姓可欺,当留下儿孙地步。堂上一官称父母,漫道一官易做,须尽些父母恩情。(清金缨《格言联璧》)在历史文化底蕴深厚的南阳,内乡县衙有一副对联:得一官不容,失一官不辱,勿说一官无用,地方全靠一官;吃百姓之饭,穿百姓之衣,莫道百姓可欺,自己也是百姓。)

　　善为国者不欺其民,善为家者不欺其亲。(宋司马光《资治通鉴》)

　　衙斋卧听萧萧竹,疑是民间疾苦声。些小吾曹州县吏,一枝一叶总关情。(清郑板桥)

　　官虽至尊,决不可以人之生命,佐己之喜怒;官虽至卑,决不可以己之名节,佐人之喜怒。(清金缨《格言联璧》)

　　念之用之民生,则为吉士;念之用之套数,则为俗吏;念之用之身家,则为贱臣。(清金缨《格言联璧》)

　　治世以大德不以小惠。(三国诸葛亮)

　　理国要道,在于公平正直。(唐吴兢《贞观政要》)

　　文官不爱财,武官不惜死,国之福,民之惠也。(宋岳飞)

　　一切有权力的人都容易滥用权力,这是万古不移的一条经验。(法孟德斯鸠)

　　吏不畏我严,而畏我廉;民不服我能,而服我公。公则民不慢,廉则吏不敢欺。公生明,廉生威。(明郭久礼《清秘·官箴》)

　　陷一无辜,与操刀杀人者何别;释一大憝憝:音 duì,与纵虎伤人者无殊。(清金缨《格言联璧》)

　　鱼不可脱于渊,国之利器不可以示人。(春秋老子《道德经·第三十六章》)

　　圣人常无心,以百姓心为心。(春秋老子《道德经·第四十九章》)

　　民不畏死,奈何以死惧之?(春秋老子《道德经·第七十四章》)

民之不善者，吏之罪也；吏之不善者，君之过也。（汉贾谊《新书·大政上》）

古之居官也，在下民身上做工夫；今之居官也，在上官眼底做工夫。（明吕坤《呻吟语·应务》）

君子当官任职，不计难易，而志在济人，故动多成功；小人苟禄营私，只任便安，而意在利己，故动多败事。（明吕坤《呻吟语·应务》）

士大夫济人利物，宜居其实，不宜居其名，居其名则德损；士大夫忧国忧民，当有其心，不当有其语，有其语则毁来。（明吕坤《呻吟语·应务》）

正直之人能任天下之事。其才、其守小事自可见。若说小事且放过，大事到手才见担当，这便是饰说，到大事定然也放过了。松柏生，小便直，未有始曲而终直者也。若用权变时另有较量，又是一副当说话。（明吕坤《呻吟语·应务》）

屋漏在下，止之在上，上漏不止，下不可居也。（三国诸葛亮）

古之从仕者养人，今之从仕者养己。（明吕坤《呻吟语·应务》）

在家者不知有官，方能守分，在官者不知有家，方能尽分。（明吕坤《呻吟语·应务》）

天下之正莫如利民焉，天下之不正莫如害民焉。（宋邵雍《皇极经世》）

处大位、大权，而兼享大名，自古有几人能善其末路者？（清曾国藩）

【原文】

举家萧穆天伦乐，同室龃龉外侮乘。

【译注】

整个家庭成员相互尊重，则可享受天伦之乐；家庭成员之间如果不团结，就会给来自外部的侵害可乘之机。

辑自徽州楹联。

【感悟】

家和万事兴。人生活在世间，不能　离开社会，不能离开群众而独自生存。

与社会大众相处就是和睦。国家能和，再强的敌人也不敢轻易欺侮。

家是世界上唯一隐藏人类缺点与失败的地方，它同时也蕴藏着甜蜜的爱。一个美满的家庭，如沙漠中的甘泉，涌出宁谧和安慰，洗心涤虑，怡情悦性。要尽其所能把家庭营造成一个生活中心，在这里，一切良好的事物会被抚育、培养起来；在这里，忠诚、热望、同情以及整个你生命中高贵的东西，会被发扬光大。

【延伸阅读】

实现家庭和谐，要用宽容取代狭隘。家庭这本经能否念好，关键取决于家庭成员是否有健康的心态，是否能够理智地解决好家庭矛盾。因此，要实现家庭和谐，每个家庭成员都要有一个宽容的心态。要宽容地看待家人的过失，宽容地理解家人的不同意见。要认识到，宽容不仅是一种雅量、胸怀，更是一种境界。宽容的同时，也创造了生命的美丽，实现了家庭和谐。

实现家庭和谐，要学会忍让与妥协。家庭生活中，矛盾在所难免。处理家庭矛盾，只要不是原则问题，就要学会大事化小、小事化了，以忍让、妥协为手段，不能因为一点小事就搞得剑拔弩张。唐代名人张公艺，德高望重，宽厚儒雅，在他的主持下，全家九室同堂，组成一个900余人的大家庭，治理得井井有条，大家和睦相处，被传为美谈。唐高宗李治问其治家经验，他说就靠一个"忍"字，后人称其为"张百忍"，他的故居被誉为"百忍堂"。当然，宽容与妥协并不是掩盖矛盾，而是要善于正确地处理矛盾，做到因势利导，有理有节。

实现家庭和谐，还要学会沟通与理解。一个和谐的家庭，家庭成员间的相互沟通是每个人都要经常参与的重要话题，经常沟通，可以让我们互相理解，化解矛盾，和睦相处，亲密无间。所以，无论是夫妻之间，还是父母子女之间，或是婆媳、翁婿、祖孙之间，都要增进相互沟通，多倾听对方的想法，多关注他人的需求。特别是遇到大的变故和关键时期，更是如此。譬如夫妻有工作变动和职务调整之际，家庭遇到暂时困难之际，孩子考试成绩失常时等，要多理解，多支持，少埋怨、少互相指责。尤其要提倡父母耐心地聆听和理解孩子的心声，甚至是离奇的想法，把孩子视作可信任的伙伴，了解他们的独特需求，平等地和他们一起讨论、说理和协商。

【原文】

以孝肥家,以忠肥国;与道为际,与德为邻。

【译注】

以孝道滋养家庭,用忠诚使国家强大;以道德规范为标准,与有德行的人为邻居融洽相处。

辑自徽州家训。(古人置业以德为邻。南北朝时期,季雅罢官回乡,在吕僧珍家旁买了一套房。僧珍问花了多少钱,季雅说1100万钱。僧珍认为太贵了,季雅却说:"100万买房子,1000万买邻居"。为了能与有德行的人为邻,不惜一掷千金)

【感悟】

以孝为先,与德为邻。孝表现了感恩和反哺,孝是人性的基本、次序的来源和社会的根底。"国"与"家"的关系协调得好,则天下治,反之则乱。保证实现国家、君主有效统治的最高原则是"忠";巩固基层社会秩序,增加乡党邻里和睦,父慈子孝的最高原则是"孝"。中国古代社会最基本细胞是家庭,因而,忠、孝二者相较,孝比忠更基本。

让道德时刻驻留身边,就像一个"邻居"一样。

【延伸阅读】

孝道是古代社会历史的产物,不能看作是古代圣人想出来专门限制家庭子女的桎梏。《孝经》把孝当作天经地义的最高准则。后来北宋的张载作《西铭》,在《孝经》的基础上,融忠、孝为一体,从哲学本体论的高度,把伦理学、政治学、心性论、本体论组成一个完整的孝的体系。对中华民族的发展、增强民族凝聚力、形成民族价值观的共识,起了积极作用,功不可没。五四以来,有些学者没有历史地对待孝这一社会现象和行为,出于反对封建思想的目的,把孝说成罪恶之源是不对的,因为它不符合历史实际。古代农业社会,政府重道德伦理,体恤天下为人父母之心怀,所以有"父母在不远游"的古训;孝道贯穿始终,父母在世时要孝顺,亡故后常思念父母的养育恩德,为子女做榜样固有"父在观其志,父没观其行,三年无改于父之道"的训条。子女刚出生时父母日夜守护,任劳任怨,真心切切;子女懂事后对父母要"晨昏定省",设身处地、将心比心,体恤父母的用心良苦,所以有"天下无不是父母"。进入现代社会,我国社会结构正在转型过程中,社会老龄化现象对孝道研究提出了新课题。我国推行计划生育政策,出现大量独生子女。子女有赡养父母的义务。新型家庭一对夫妇要照顾两对父母,传统观念规定的某些孝道行为规范,今天的子女难以照办。当前社会保障制度尚不完善,无论父母或者子女,家庭仍然起着安全港湾的作用。

今天对孝道的理解和诠释正面临前所未有的新形势,几千年来以家庭为基础培育起来的、深入千家万户的传统观念,需要从理论到实践进行再认识。这一课题关系社会长治久安,更关系到民族兴衰。只要群策群力,假以时日深入研究,必有丰厚的成绩。

【原文】

父慈子孝,兄况弟悌;上和下睦,夫倡妇随。

【译注】

况(kuàng):同"况"。

父母对子女慈爱,子女对父母孝顺,兄弟间互爱互敬;长幼之间和睦相处,夫妻和好相处。

辑自徽州家训。

【感悟】

《周易·序卦》在解释咸(感)卦交感的卦义时说:"有天地然后有万物,有万物然后有男女,有男女然后有夫妇,有夫妇然后有父子,有父子然后有君臣,有君臣然后有上下,有上下然后礼义有所错。"如此的推论,一般来说是符合人类社会的起源和人伦礼义的形成过程的。它说明最根本意义上的家庭伦理仍限于夫妇、父子这两项,而这两项又必然过渡到君臣关系和社会的礼制,所以为过去的时代最为注重。就夫妇、父子这两类基本的人伦关系来说,按《序卦》之序以及阐发同一思想的《荀子·大略篇》的讲法,夫妇乃是父子、君臣之本,比父子关系更为根本,这在一般原则上是没有什么问题的。但从古代社会的实际来说,夫妇关系之本"本"在繁衍出父子、君臣关系,即它是为建构上下尊卑的父子关系服务的。父母对子女的慈爱与子女对父母的孝顺是问题的真正落脚点。旧时夫妻关系的必要性,其实不在于夫妻本身,而在于父母子女的传承和孝道的延续。

【延伸阅读】

曾国藩的"八宝饭"即8个字:书(勤读书)、蔬(种蔬菜)、鱼(养鱼)、猪(喂猪)、早(早起)、扫(打扫)、考(祭祀)、宝(善待人)。8个字包括4方面的内容。读书、耕作、孝友、睦邻。蔬、鱼、猪、早、扫属于"书耕"范围,后人戏称其为治家的"八宝饭"。一个家庭有了这个"八宝饭",便拥有了一辈子享用不尽的财富。

【原文】

心术不可得罪于天地,言行要留好样与子孙。

【译注】

要存善良之心,不能心术不正、居心不良,否则得罪天地、违背规律,将受到惩罚;父母要注意谨言慎行给子女起示范作用。

辑自徽州楹联。

【感悟】

历史上很多有作为的贤臣名相、清官廉吏都很注重修身养德,同时在治家诫子方面也能以身示教,立之以规、喻之以理、诚之以严,留下了弥足珍贵的精神财富。教子教孙须教义,积善积德胜积钱。

为人父母者每天应当要反省自己,心术是否善良,言行是否恰当。祸福往往决定于动心起念之间,有时一失足成千古恨。

以自立留子孙,自强不息;以清白
留子孙,洁身自好;以善行留子孙,多做
好事。

【延伸阅读】

为官者应该给子女留下什么,这是一个沉甸甸的话题。可叹如今一些贪官贪赃枉法,为个人和子女大捞好处,"遗财"不"遗德",帮子女就业吃皇粮、帮子女升官掌大权、帮子女经商当大款、帮子女走私捞外汇、帮子女炒股发横财、帮子女出国拿绿卡……"为了孩子",已经成了一些当权者走上腐败深渊的重要"理由",结果身败名裂,留下无尽的悔恨与遗憾。唐代诗人罗隐在一首诗中写道:"国计已推肝胆许,家财不为子孙谋。"愿人们能以此为诫。

【原文】

当家才知盐米贵,养子方知父母恩。

【译注】

主持家政才能体会维持家庭正常运作的不容易、才能体会生活的艰辛,自己养育子女的时候才真正体会到父母的恩情。

辑自徽州民谚。

【感悟】

要知父母恩,怀里抱儿孙。

事非经过不知难。知难,绝不是畏惧困难,被困难所吓倒,而是为了知难而进。通向成功的路,决非一路坦途,一路顺风,往往坎坷崎岖多于一马平川,带刺的荆棘超过芬芳的花朵。品味艰辛,目的是从容坚定,走向未来。

【延伸阅读】

宋代陆游在《冬夜读书示子聿》中云："纸上得来终觉浅，绝知此事要躬行。"明周立："一语不能践，万卷徒空虚"也是此理。宋代的朱熹和清代的王夫之更把"知"、"行"关系说得明白。朱熹说："论先后，知为先；论轻重，行为重"；王夫之在《尚书引义》中云："知之非艰，行之维艰……且夫知也者，因以行为功者也；行也者，不以知为功者也。行焉可以得知之效也，知焉未可以得行之效也"，均是说"知""行"的关系。"知"是手段，"行"是目的，不"行"，无以奏"知"之效，也无以知"事"之艰难。

【原文】

> 慈孝后先人伦乐地，诗书朝夕学问性天。

【译注】

先辈要慈爱、后辈要孝顺，那是人伦之乐的根本；早晚读书也要遵循这些道理，因为性理与天道是学问的根本与精髓。

辑自黟县南屏村抱一书斋穆贤堂楹联。（穆贤堂为当年先生授课之地，中间挂有孔夫子画像。抱一书斋房主名李火眉，又名李金榜，当年由于家境贫困，只读两年私塾就外出谋生，深知书到用时方恨少。当其事业有成时，便回家乡大兴土木建了3所私塾，这是其中的一所，免费供自己家族中的子弟读书。）

【感悟】

家庭是人类社会最基本的组织单位。在中国传统文化看来，家庭伦理是维护社会秩序的根本基础，是维系民族稳定兴旺的关键所在。良好的家庭教育也有助于领导者的人格塑造。在英国，有"培养一个贵族，需要三代人的努力"的说法；在美国，有"一个贵族的诞生，需要三代人良好的家庭教育"的说法。实际上，在商业领域出现一个领袖级企业家，也同样离不开良好的家庭教育和上代人对企业家的人格塑造。"家天下"、"以孝治天下"是我们中华民族最具特色、最具合理性的人性管理模式，也是当前中国最最迫切需要充实中小学生的人格素质教育，事关民族兴旺大计，绝非危言耸听，祈希有志之士共勉之。

【故事链接】

清朝乾隆年间，黟县胡铁学以经营茶叶和丝绸为业，尽管妻妾成群，却始终未能帮其生下一子半女。直到胡铁学52岁那年，新娶的第十三房姨太太才为他生下一子。老来得子的胡铁学喜出望外，当下为儿子取名为胡半城，希望他长大后能继承家业，光大胡家门楣。这胡半城天资聪颖，5岁时就能将《三字经》《百家姓》等启蒙读物倒背如流，12岁时便把那些四书五经读了个烂熟。旧时的商人备受歧视，黟县那些以商致富的人十分注重对子女的教育，鼓励后代考取功名，就算是无法金榜题名，对日后打理生意也是大有裨益。眼见儿子勤奋好学，胡铁学也动了让其入仕的念头，谁知博览群书的胡半城一口拒绝，称与其将自己葬送在那些无法经世致用的八股文章里，还不如跟着父亲学做生意，一样可以创出一番男儿伟业。胡铁学见儿子心志坚定，也就不再勉强。为了收购茶叶，胡铁学经常往来于黟县与浮梁两地之间，有次无意中听同行谈到，将景德镇的精细瓷器运往杭州等地，其利润要比卖茶叶高出不少。商人的天性促使胡铁学来到了景德镇，出于锻炼儿子的目的，胡半城也被他带着同往。通过对景德镇陶瓷业的考察，加上派往杭州的伙计传来的消息，同时又对运输费用、人工费、官税等成本进行核算，胡铁学认为"贩瓷生意有得做"。便在当地盘下了一间铺子，命名为"胡记瓷行"，专门用于收购各类精瓷和办理运输等事项，并在新安弄租下了一间小屋作为落脚点。由于茶叶等老生意不能丢，胡铁学便让19岁的胡半城留在景德镇，心知儿子处世经验不足，又让跟随自己多年的老管家胡三辅佐少东家。父亲离去之后，胡半城便在胡三的帮助下，开始了迈向成为商业巨子的第一步。

【延伸阅读】

"学达性天"是康熙皇帝赐给岳麓书院等处的匾额，主要表彰这些书院对于传承理学、培养人才的贡献。"学达性天"有着丰富的内涵，主要是指通过教育、通过做学问、通过"养性"，达到"性命合一"、达到"性"与"天"齐、达到"性"和"天"的统一。中国儒家所推崇的理想人格，就是通过教育，通过做学问，通过"格物、致知、诚意、正心、修身、齐家、治国、平天下"（称为大学"八条目"）而成。这既是中国文化人几千年不变的追求，也是中国教育几千年不变的目标。

【原文】

敦孝弟此乐何极，嚼诗书其味无穷。

【译注】

真心真意地对父母孝顺、对兄长尊敬，这就是最大的快乐，阅读书籍也会带来无穷的快乐。

辑自宏村承志堂楹联。

【感悟】

读书实乃人生一件自得其乐的快事，这种快乐是发自内心、无可替代的。五柳先生说：每有会意，欣然忘食，这种乐趣是吸引人的，不为外物所滞，而求于内心的乐趣。有书为伴，孤独也是一种享受，深刻而丰富；有书为伴，幽静将变得烂漫多彩；有书为伴，嘈杂也可以宁静和谐……

【故事链接】

胡学梓，字贯三，号敬亭，黟县西递村人，清乾隆年间著名徽商。少时母亲眼睛曾失明，贯三每天用舌舔之，终使母亲眼睛复明，因此，以敬孝闻名于乡里。胡贯三幼时聪慧，6岁即进入村中燃黎书馆启蒙读书，14岁便随本家大人外出学徒经商，由于善经营、日俭勤，数十年后成为江南六豪富之一。在江西鄱阳、九江、景德镇及安徽休宁万安等地开有多家当铺、钱庄、布店、作坊等，号称拥有"三十六典"、"七条半街"。由于自身经历坎坷，读书不多，致富后的胡贯三极重视教育，当得知"邑人议建碧阳书院，久而不就"时，他找到当时知县，说："诚使书院议成者，当输白金五千以助"。事后，胡贯三患病，弥留之际仍不忘嘱其子捐建书院。其长子胡尚增遵照父亲遗愿，"以六千六百金为其祖及弟书名'崇教祠'，其八千三百余金则自输于公，而书院告成"。

【延伸阅读】

腹有诗书气自华。黄庭坚说三日不读书，便觉语言无味，面目可憎。读书能改变人的气质，林语堂的解释是读书使人得到一种优雅和风味。善读书，如入芝兰之室，久而不闻其香，而香却在骨里。开卷有益，让我们读书扩大我们的视野，让书来陪伴我们的生活,陶冶我们的性情,让我们的生活更加丰富多彩吧!

【原文】

> 忠孝持家远,诗书处世长。

【译注】

以忠厚的人品来管理家庭,则家庭就能长久保持兴旺和睦;多读书,做到知书识礼,你在为人处世中就能显得非常自如,就会与他人有很好的交往,就能成为一个受欢迎的人。

辑自徽州楹联。

【感悟】

种田的,忙时种田,闲时读书,这叫"耕读"。经商的,忙时做生意,闲空的时候也读书,提高自己的道德素养,这叫"儒商"。当官的,博览群书了,则会被朝廷录取和提拔,这叫"学而优则仕"。

【延伸阅读】

忠,《说文解字》解释为:"忠,敬也,尽心为忠。"忠的本意为"敬"、"尽心",只要全心全意即为忠。后来延伸为忠诚、忠君。推而广之"己所不欲,勿施于人;己之所欲,广施与人","忠也者,一其心之谓也。为国之本,何莫由忠?忠能固君臣,安社稷,感天地,动神明,而况乎人乎?"也在说忠。总而言之,凡是纯洁的、有利于国家和人民的就是忠。然而事实上忠存在好几种,"有大忠者,有次忠者,有下忠者,有国贼者。以德付君而化之,大忠也;以德调君而辅之,次忠也;以是谏非而怒之,下忠也。"同时,还有不知变通的愚忠。

小篆"孝"字,上面是一个老字,下面是一个子字。这个老代表老一代,老一代还有老一代;子代表子一代,孩子还有孩子。我们的老一辈,我们的老一代和我们的子一代是一体的,就是我们的父母和祖先跟我们的后人,跟我们的无尽的后裔是一体的,老一代和子一代是一体的观念就叫做"孝"。我们无尽的祖先通过孝道跟我们无尽的后裔成为一个生命体,是一个生命,是相通的,这就叫做"孝"。孝的关键在于行动,"老吾老以及人之老"是孝,"事父母,几谏,见志不从,又敬不违,劳而不怨"也是孝。

【原文】

孝弟传家根本,诗书经世文章。

【译注】

孝顺父母、敬爱兄长是传家的根本,诗书是为人处世的最好教材。

辑自西递履福堂联。(这副楹联,文章的"章"字中"早"字一竖出了头,不是写错了,而是故意为之,寓意多读诗书早出人头地。)

【感悟】

诗书传家久,孝悌立根基。《诗》是生活的记载,《书》是历史的记录,前者为生活情趣,后者为知识积累。所以,古人将《诗》、《书》视为必读的课业,成为读书人处世的根本。孝是"顺事父母",悌是"友于兄弟",能顺事父母,则重恩而不背信,能友于兄弟,则为人必善,重义而不忘本。"孝"字推广则为敬事一切可敬者,"悌"字推广则为爱护一切可爱者,做人由最基本的"孝悌"做起,自然能逐渐推广到"老吾老以及人之老,幼吾幼以及人之幼"的境界。

【故事链接】

西递既是徽商的乡野故园,又是士大夫隐居乡村的集散地。村里的胡氏有着传奇的史诗。胡昌翼系唐昭宗李晔之子，因兵权在握的朱全忠杀昭宗全家，唯独昌翼幸存，由婺源人胡三收养，易李姓胡，后在西递的大船上形成子孙昌盛的风景。胡氏家族血统珍贵，人口文化有家谱系统的密码，破译其密码，人的基因血脉与山水天人合一。实际上五世祖胡士良，据风水而相中西递风水宝地，山势水形如天马，从风水传统文化的角度说其为吉兽之地。定居在西递仁山福地，揭开了胡氏在西递的传奇大戏。西递村以宗教血缘关系为纽带，宗教血缘是文化兴盛的一个重要原因。弘治年后，走出西递村的胡氏，到外地经商，富了起来，添丁加口，人口增长，胡氏成为地方上的富户，兴建水利（水圳）和房屋。房屋为建筑文化安身立命之所，他们据风水文化而栖居筑屋。胡氏又云"孝弟传家根本，诗书经世文章"，依旧以对联来支撑生命的追求与信仰。

【延伸阅读】

父慈子孝，兄良弟悌，夫义妇听，长惠幼顺，君仁臣忠，此中国五千年社会安定，国泰民睦之根也。（净空师父）

立身行道，扬名于后世，以显父母，孝之终也。

《孝经·开宗明义章》：一个人站得住，独立不倚，不为外界利欲所摇夺，那他的人格一定合乎标准，这就是立身。做事的时候，他的行事方法，一切都本乎正道，不越轨，不妄行，有始有终，这就是行道。他的人格道德，为众人所景仰，不但他的名誉传诵于当时，而且将要播扬于后世，无论当时和后世，将因景慕之心，推本追源，兼称他父母教养的贤德，这样一来，他父母的声名，也因儿女的德望光荣、显耀起来，这便是孝道的完成。天下的父母无不是望子成龙、望女成凤的，子女能够在事业上有所成就，对他们来说是最大的欣慰。"立身行道"才是真正的孝。所谓光宗耀祖，不一定非要金榜题名、衣锦还乡。曾国藩告诫子女的两项箴铭是：一是不谋做官发财，只求读书明理。二是杜绝奢侈懒惰，培养勤俭谦劳精神。可见，并不是要做大官赚大钱才能显耀父母，做一个受人景慕的有道德的人，才会为后世称颂。

后 记

徽州是礼仪之邦，宗法、家族、孝悌伦理观念根深蒂固，"孝弟传家根本，诗书经世文章"、"尊卑有等、长幼有序、内外有别、亲疏有秩"等伦理价值，通过一套严谨的宗族体系被世代传承下来，最终形成了古徽州特有的宗族文化，为历史上徽商的崛起埋下了伏笔。

在"家齐而后国治"的家国同构的徽州古代社会，人们一直重视家庭、家族的提升和发展，形成了所谓世代相传的"世家"、"望族"，也就是政治、经济和军事上的世家大族。除了血缘关系以外，文化学术的传承成为维系世家延续和发展的一个重要纽带，形成了特有的以家学渊源或家学传承为特征的文化世家。

徽商治家多节俭。徽商的起家和资本积累，一般不是靠血腥掠夺进行的，走的是小本起家的艰辛道路。他们对创业艰难体会极深。家产不丰者，每日仅吃两顿；富家吃三顿，但也只是薄粥，客人来了不请吃饭；家中也不备车马；妇女尤以节俭闻名，家虽富，但吃饭数月不见鱼肉，每天晚上纺纱织布，织机之声邻里相闻。富商之子弟赴京赶考，身穿粗布短衫，赤脚穿草鞋走路，以一伞自携，节省车马之费，初看以为农家贫寒之士，仔细询问方知皆有千万家产。

中华文化能够薪火相传、弦歌不辍的最主要原因，是因为传统礼乐道德文化的特性所致。而礼乐文化的载体，则又是与中华民族源远流长的家族式文化承载体系密不可分的。中国人的特点是聚族而居，中国文化的传承除了国家的倡导外，主要是靠家族文化的力量。本姓本氏的长辈们，把他们平生日积月累的经验、对世界的认识，特别是他们的思想，毫无保留地传授给下一代，成为下一代生存的理念。这也成为中华文化代代相传的一个基本动力。

徽州地区大量族谱中所保存的家规、家训以及治家格言等，从一开始就以积极、进取的人生价值和社会价值态度来讨论家庭环境和家庭氛围的建设。在家规、家训中，伦理纲常作为其理论基础占有中心地位，尊祖敬宗、孝悌忠信的内容占全部内容的大半。族谱中的家规、家训除上述内容外，还有"睦族人"、"和亲友"、"恤孤贫"以及"戒赌博"、"戒奢侈"、"戒懒惰"、"戒淫逸"，等等，对家族成员的行为、举止作出规范，这也是足资我们今天借鉴的有益的成分。

在编写本书过程中，我们从浩如烟海的文献中搜寻徽商治家的智慧，感受中华文化的博大精深。我们参考了大量前辈老师和同行学者的著作，限于篇幅，我们无法一一标出，在此谨致以崇高的敬意。对书中存在的不足更欢迎研究者和读者朋友批评指正！

作者

2013 年 12 月